연세 한국어

활용연습 6-1

연세대학교 한국어학당 편

연세대학교 대학출판문화원

연세 한국어

활용연습 6-1

편저자 연세대학교 한국어학당 교재편찬위원회

집필진 전나영 · 오경진 · 김영희 · 권민정

펴낸곳 연세대학교 대학출판문화원

주소 서울시 서대문구 연세로 50

전화 2123-3380~2

팩스 2123-8673

e-mail : ysup@yonsei.ac.kr

http://www.yonsei.ac.kr/press

등록 1955년 10월 13일 제9-60호

인쇄 동호커뮤니케이션즈

녹음 MS 미디어

성우 윤미나 · 전광주

2013년 3월 5일 1판 1쇄

ISBN 978-89-6850-016-9(08710)

ISBN 978-89-6850-015-2(08710)(세트)

값 **15,000**원(CD포함)

일러두기

- 〈연세 한국어 활용연습 6〉은 고급 학습자용 한국어 교재인 〈연세 한국어 6〉을 보다 효율적으로 학습해 나갈 수 있도록 하기 위해 개발되었다.
- 〈연세 한국어 활용연습 6〉은 총 10과로 이루어져 있으며, 각 과는 3개의 항으로 구성되어 있다.
- 각 과의 1항과 2항은 어휘 연습과 문법 연습으로 구성하여 〈연세 한국어 6〉에 나온 본문의 새 어휘와 주제 관련 어휘 그리고 문법을 충분히 연습할 수 있도록 하였다.
- 어휘 및 문법 연습은 기계적인 방식을 지양하고 가능한 한 유의미한 맥락이나 담화 상황 내에서의 연습이 함께 이루어질 수 있도록 구성하였다.
- 각 과의 3항은 주제 관련 통합 과제 형태의 연습 2개로 구성되어 있다. 각각의 연습은 듣기나 읽기 텍스트를 이해하는 활동으로 시작하여 말하기나 쓰기를 통한 표현 활동으로 마무리하도록 구성되어 있다. 듣기와 읽기 지문은 다양한 분야의 내용으로 구성해 학습자들의 흥미를 끌 수 있도록 구성하였다.
- 각 과가 끝날 때마다 한국어능력 향상에 도움이 될 수 있도록 속담, 관용어, 한자성어, 접두사, 접미사를 뜻풀이, 예문, 연습 문제와 함께 제시하였다.
- 제5과와 제10과의 다음에는 각각 어휘와 문법의 복습문제를 구성해 배운 내용을 정리할 수 있도록 하였다.
- 학습자들의 이해를 돕기 위해 어휘 연습과 문법 연습 문제의 1번에는 답을 제시해 [보기]의 역할을 하도록 하였다.
- 각 과 3항 듣기 연습의 지문과 각 연습문제의 모범 답안을 실어 학생들이 스스로 답을 확인하고 공부하는 데 도움이 되도록 하였다.
- 듣기 지문이 녹음된 CD를 첨부하였다.

차례

6-1

6-2

제 1과 성공적인 삶

1과 1항

어휘

1. [보기]에서 알맞은 단어를 골라 빈 칸에 쓰십시오.

> **[보기]** 지지 성원 수장 소감 귀감 시련 좌우명 화두 막연히
> 한결같다 주저앉다 막론하다 누비다 침해되다 구체화되다

1) 옆집 아이는 얼마 전에 구입한 자전거로 온 동네를 (누비며)~~으며/며~~ 다녔다.

2) 당선자는 자신을 ( )해 준 유권자들에게 고마움을 표했다.

3) 가수 한소리는 그동안 자신을 사랑해준 팬들의 ( )에 보답하고자 10주년 기념투어 공연을 준비했다.

4) 우리 팀은 지나친 체력 소모로 인해 아쉽게도 우승 문턱에서 ( )고 말았다.

5) 취직 전에 ( ) 생각했던 직장생활과 직접 겪으며 온몸으로 느끼는 현실은 하늘과 땅 차이다.

6) 소비자의 권익 보호를 위한 금융소비자보호원의 설립 계획이 소비자 보호법 제정으로 ( )고 있다.

7) 미선 씨와 영수 씨는 10년이 넘도록 ( )는/은/ㄴ 마음으로 서로를 대한다.

8) 대규모 공단 조성으로 주민들의 주거환경이 직접적으로 ( )을/ㄹ 우려가 있다는 점을 정부가 인정했다.

9) 한국인 최초로 국제사법기구의 ( )이/가 된 송상현 국제형사재판소(ICC) 소장을 기념하는 공간이 송 소장의 모교에 마련됐다.

10) 영화 '국가대표'의 주인공은 어떠한 ( ) 속에서도 희망을 잃지 않고 꿈을 일궈내는 스키점프 국가대표 선수들이다.

11) 나라와 종교마다 다른 인사법이 있지만 동서양을 ( )고 악수가 가장 보편적인 인사법이라는 데 이의를 달기는 어렵다.

12) '우애'가 인생의 ( )인 신임 총리는 온화한 성품을 가진 사람으로 잘 알려져 있다.

13) 프로야구 10년차인 이정도 선수는 올 시즌 대타와 대주자를 마다하지 않는 등 자신을 희생하는 자세로 후배들의 (   )이/가 됐다.

14) 최근 몇 년간 건강과 웰빙이 시대의 (   )으로/로 떠오르면서 탄산음료의 위상은 추락하고 있다.

15) 아시아인 최초로 아이비리그 총장이 된 김용 씨는 좋은 직업을 얻어 편하게 살도록 가르치기보다 넓게 보고 크게 생각하며 세상을 바꾸는 지도자의 꿈을 꾸도록 학생들을 가르치겠다고 취임 (   )을/를 밝혔다.

2. 다음은 격언들입니다. 공통으로 들어갈 단어를 [보기]에서 찾아 쓰십시오.

[보기]	실패	성공	고난	기회	도전

1) • (기회)~~은~~/는 누구에게나 있다. 다만 잡지 못할 뿐이다. – A. 카네기

• (기회)~~은~~/는 잡으면 많은 열매를 맺고, 소홀히 하면 사라져 버린다. – 지그 지글라

• (기회)~~을~~/를 놓치지 말라! 인생은 모두가 (기회)인 것이다. – 데일 카네기

2) • 우리의 최대의 영광은 한 번도 (   )하지 않는 것이 아니라, (   )할 때마다 일어서는 데 있다. – 공자

• 가장 좋기로는 (   )이/가 없는 것이지만, 그 다음은 (   )하되 그로써 이루는 게 있는 것이다. – 묵자(墨子)

• (   )은/는 성공의 어머니이다. – 에디슨

3) • 인생에서 (   )의 비결은 (   )하지 않은 사람들만이 안다. – 콜린즈

• (   )은/는 결과지 목적은 아니다. – 플로벨

• 최상의 (   )은/는 실망의 다음에 온다. – F.비처

4) • 한 번도 실수한 적이 없는 사람은 한 번도 새로운 것에 (   )해 본 적이 없는 사람이다. – 앨버트 아인슈타인

• 실패한 사실이 부끄러운 것이 아니다. (   )하지 못한 비겁함은 더 큰 치욕이다. – 로버트 H 슐러

5) • (   )이/가 클수록 더 큰 영광이 다가온다. – 키케로

• (   )이/가 있을 때마다 그것이 참된 인간이 되어 가는 과정임을 기억해야 한다. – 괴테

문법

-느니

3. 다음을 연결하고 '-느니'를 사용해서 문장을 만드십시오.

1) 아무 준비 없이 회의에 참석하다 •	• 차라리 혼자 하겠다
2) 손발이 안 맞는 사람과 함께 일하다 •	• 영원히 과장으로 남겠다
3) 아무 일도 못하고 망설이기만 하다 •	• 차라리 불참하는 게 낫다
4) 상사한테 아부해서 승진을 하다 •	• 되든 안 되든 한 번 시작해 보겠다
5) 양심을 속이고 거짓을 말하다 •	• 한 학기를 더 다니겠다
6) 남의 논문을 표절해서 A를 받다 •	• 진실을 밝히고 달게 벌을 받겠다

1) 아무 준비 없이 회의에 참석하느니 차라리 불참하는 게 낫다.

2)

3)

4)

5)

6)

4. '-느니'를 사용해서 다음 대화를 완성하십시오.

1) 가: 돈이 좀 부족하긴 한데 요즘 집값이 많이 떨어졌으니까 대출이라도 받아서 집장만을 할까?

나: 대출이자를 내면서까지 집을 사느니 ~~느니~~ 당분간은 불편하더라도 전세로 삽시다.

2) 가: 모든 면에서 다 마음에 드는 사람이 어디 있겠니? 웬만하면 결혼해라.

나: .... 느니 차라리 혼자 살겠어요.

3) 가: 그렇게 혼자 힘들어하지 말고 부모님께라도 도움을 청해 보세요.

나: .... 느니 차라리 사업을 접겠어요.

4) 가: 진수 씨가 마음에 안 들어도 이번 기회에 화해한다 생각하고 방을 같이 써보세요.

나: .... 느니 여행을 포기하고 말겠어요.

5) 가: 성공하고 싶으면 수단과 방법을 가리지 말아야 합니다.

나: .... 느니 지금처럼 영원히 말단 사원으로 지내겠어요.

6) 가: 월급이 줄고 승진에서 누락됐어도 버틸 수 있었는데 후배들까지 저를 무시하니 죽을 맛이에요.

나: .... 느니 차라리 회사를 옮기는 게 낫다고 생각합니다.

-을지라도/ㄹ지라도

5. [보기]에서 알맞은 것을 골라 문장을 완성하십시오.

[보기]
- 나는 한 그루의 사과나무를 심겠다
- 정정당당하게 경기에 임하자
- 대통령은 해외파병을 추진할 것으로 보인다
- 삶을 포기해서는 안 되지요
- 그만두기 전까지는 최선을 다해야지요
- 할 말은 해야겠어요

1) 내일 지구가 멸망할지라도 나는 한 그루의 사과나무를 심겠다.

2) 목에 칼이 들어올지라도 ______

3) 어떠한 고난이 닥칠지라도 ______

4) 온 국민이 반대할지라도 ______

5) 비록 이번 시합에서 우승하지 못할지라도 ______

6) 아무리 직장이 마음에 들지 않을지라도 ______

6. '-을지라도/ㄹ지라도'를 사용해서 다음 대화를 완성하십시오.

1) 가: 다음 주에 승진 발표도 있는데 부장님이 내린 결정을 따르지 않겠다고? 너 제정신이야?

나: 알아. 설령 이번 승진 명단에서 누락될지라도~~을지라도/ㄹ지라도~~ 부당한 결정만큼은 도저히 그냥 따를 수가 없어.

2) 가: 드라마에서 맡은 역할 때문에 시청자로부터 욕을 먹고 있다지요?

나: 네, 하지만 ....을지라도/ㄹ지라도 제게 주어진 역할이니 최선을 다해야겠다는 생각으로 연기할 뿐이에요.

3) 가: 지역 주민들이 1년 넘게 추진해 온 재개발 사업이 모두 무산되면서 정부에 대한 원성이 대단해요.

나: 네, 저도 압니다. 그러나 ....을지라도/ㄹ지라도 재개발 사업만큼은 도시 전체의 균형 발전을 고려해서 결정해야 합니다.

4) 가: 거래처와의 부정 거래 사실을 폭로하면 더 이상 회사에 남아 있을 수 없겠지?

나: ....을지라도/ㄹ지라도 양심을 속이고 살아갈 수는 없잖아.

5) 가: 이미 몇 차례 사업 실패를 하셨다고 들었는데 어떻게 재기할 생각을 하셨나요?

나: ....을지라도/ㄹ지라도 그것을 벗어나야겠다는 의지만 있으면 누구나 다시 일어설 수 있어요.

6) 가: 갑작스럽게 사외인사를 팀장으로 영입하면 사원들의 반발이 심할 텐데요.

나: 맞아요. 하지만 ....을지라도/ㄹ지라도 회사가 경쟁력을 갖추기 위해서는 이게 최선의 선택입니다.

1과 2항

어휘

1. 다음 중 밑줄 친 단어가 **잘못** 쓰인 것을 고르십시오.

1) (❸)

❶ 인간은 누구나 행복을 **추구할** 권리가 있다.

❷ 보통 기업은 영리를 **추구하는** 데 목적을 둔다.

❸ 경찰은 범인의 행적을 끝까지 **추구할** 예정이다.

❹ 세계 여러 나라들은 자국의 이익을 **추구하기** 위한 정책을 편다.

2) (   )

❶ 이번 졸업 논문을 친구와 서로 **공유하기로** 했다.

❷ 시장 옆 공터는 지역 주민이 서로 **공유하는** 땅이다.

❸ 이 기계는 연결 장치와 하나의 기억회로를 **공유하게** 된다.

❹ **공유** 자원을 이용함으로써 발생하는 비용은 사회 전체가 부담하게 된다.

3) (   )

❶ 친구의 사업 계획은 듣던 대로 **거창했다.**

❷ 이번에 새로 구입한 차는 제법 **거창한** 차이다.

❸ 제목이 **거창해서** 샀는데 실제 내용은 그저 그런 책이었다.

❹ 양가가 대단한 집안이어서 역시 결혼식이 **거창하더라.**

4) (   )

❶ 깨지기 쉬운 물건은 조심스럽게 **취급해야** 한다.

❷ 우리 약국에서는 그런 약품을 **취급하지** 않습니다.

❸ 저희 미래병원에서는 피부병을 **취급하고** 있습니다.

❹ 청소년들은 자신들을 아이 **취급할 때** 아주 싫어한다고 합니다.

5) (   )

❶ 나는 진수의 **진지한** 학습방법을 본받고 싶다.

❷ 학교는 학생들의 제안을 **진지하게** 받아들였다.

❸ 그는 **진지한** 태도로 자신에 대한 평가를 듣고 있었다.

❹ 학생들이 다양한 주제를 가지고 **진지하게** 좌담회를 했다.

6) (   )

❶ 아이들은 교사가 자신들의 이름을 부를 때 아주 귀엽게 **답변했다**.

❷ 교장은 학교 공간 부족 문제를 곧 시정하겠다고 학부모들 앞에서 **답변했다**.

❸ 많이 바쁘셨을 텐데도 불구하고 질문에 성실하게 **답변해** 주셔서 대단히 감사합니다.

❹ 비리 공무원을 어떻게 처리할거냐는 기자의 질문에 검찰 총장은 명확한 **답변을** 내놓지 못했다.

7) (   )

❶ 운동은 남이 **강요해서** 하기 보다는 스스로 꾸준히 해야만 효과도 확실하다.

❷ 영업소장은 "신형 승용차 출시를 기다리던 소비자가 워낙 많아 전국 400개 대리점에서 계약 **강요가** 쇄도하고 있다"고 말했다.

❸ 세계화는 획일화된 경제 · 사회체제를 **강요함으로써** 세계 각 지역의 다양성과 특수성을 무시하는 오류를 범하고 있다.

❹ 서울에 있는 한 대학병원이 제약회사에 기부금을 **강요했다는** 공정거래위원회의 발표에 대해 병원 측은 제약회사의 기부금은 자발적 기부라고 반박했다.

8) (   )

❶ 법원은 사고 시 운전자의 주의 의무 여부 등을 **종합적으로** 판단해 배상기준을 결정한다.

❷ 그간의 국민의식 조사들을 **종합해** 보면 정부에 대한 신뢰도가 지속적으로 하락했음을 알 수 있다.

❸ 매달 10만원을 2년 여간 꾸준히 **종합하다** 보니 1명당 200만원이 훨씬 넘게 드는 여행 비용을 큰 부담 없이 마련할 수 있었다.

❹ 보건 복지부 연구를 **종합한** 결과 출산 기피 현상의 원인은 그 어떠한 조건들보다도 악화된 경제 상황이 큰 영향을 미치는 것으로 나타났다.

2. 다음 정의를 읽고 [보기]에서 알맞은 단어를 찾아 쓴 후 문장을 만드십시오.

[보기]	가치관	인생관	도덕관	결혼관	직업관	경제관

1) 인간이 자기를 포함한 세계나 그 속의 사상에 대하여 가지는 평가의 근본적 태도 (가치관)

교사는 학생들이 올바른 가치관을 형성할 수 있도록 도와 주어야 한다.

2) 인생의 의의, 가치, 목적 따위에 대한 관점이나 견해 (　　　)

3) 결혼에 대한 견해나 주장 (　　　)

4) 직업에 대하여 가지는 생각이나 태도 (　　　)

5) 경제에 대해 가지는 생각이나 판단의 기준 (　　　)

6) 도덕적 선악 또는 바르고 그릇됨에 관한 관점이나 입장 (　　　)

문법

-는다거나/ㄴ다거나/다거나

3. 다음 주어진 상황을 읽고 [보기]에서 적당한 것을 골라 '-는다거나/ㄴ다거나/다거나'를 사용해서 문장을 완성하십시오.

[보기 1] 주택 부족 문제 해결 방법
- 다주택 소유자에게 중과세한다
- 주택 공급을 확대한다
- 아파트를 대량 건설한다
- 수도권에 신도시를 건설한다

1) 주택 공급을 확대한다거나 ~~는다거나/ㄴ다거나/다거나~~ 수도권에 신도시를 건설한다거나 ~~는다거나/ㄴ다거나/다거나~~ 해야 주택 부족 문제를 해결할 수 있어요.

[보기 2] 좋은 인간관계 유지 방법
- 서로를 잘 배려한다
- 약속을 잘 지킨다
- 상대를 칭찬한다
- 그 사람 입장에 서서 생각한다

2) .... 는다거나/ㄴ다거나/다거나 .... 는다거나/ㄴ다거나/다거나 하면 좋은 인간관계를 유지할 수 있어요.

[보기 3] 노후 대책 방법
- 퇴직연금보험에 가입한다
- 저축을 한다
- 수익형 부동산에 투자를 한다
- 집을 산다

3) .... 는다거나/ㄴ다거나/다거나 .... 는다거나/ㄴ다거나/다거나 하면 노후 문제가 해결될 거예요.

[보기 4] 주차 문제 해결 방법
- 담장을 허문 후 주차장을 만든다
- 공용주차장을 만든다
- 아파트형 주차 빌딩을 만든다
- 거주자 우선주차 지역을 확대한다

4) .... 는다거나/ㄴ다거나/다거나 .... 는다거나/ㄴ다거나/다거나 하면 주차 문제가 해결되지 않을까요?

[보기 5] 빈곤 문제 해결 방법

- 기초생활보장제도를 개선한다
- 빈곤계층에게 최저 생계비를 지원한다
- 빈곤계층의 취업을 보장해 준다
- 나눔을 실천하는 분위기를 조성한다

5) ________________ 는다거나/ㄴ다거나/다거나 ________________ 는다거나/ㄴ다거나/다거나 하면 빈곤 문제가 해결될 거예요.

[보기 6] 교통 체증 해소 방법

- 대중교통 이용을 장려한다
- 휴일 차량제를 실시한다
- 도심 혼잡세를 부과한다
- 차량 10부제를 시행한다

6) ________________ 는다거나/ㄴ다거나/다거나 ________________ 는다거나/ㄴ다거나/다거나 하면 심각한 교통 체증을 해소할 수 있어요.

4. '-는다거나/ㄴ다거나/다거나'를 사용해서 다음 대화를 완성하십시오.

1) 가: 여유 자금이 생기면 뭘 할 거예요?

나: 도심 근교에 땅을 산다거나~~는다거나/ㄴ다거나/다거나~~ 주식에 투자한다거나~~는다거나/ㄴ다거나/다거나~~ 할 거예요.

2) 가: 오늘 하루 너에게 자유의 시간이 주어진다면 뭘 하고 싶어?

나: ____________________는다거나 /ㄴ다거나/다거나 ____________________는다거나 /ㄴ다거나/다거나 하면서 하루를 보내고 싶어.

3) 가: 어제 정기 건강검진을 받았는데 혈압도 높고 콜레스테롤 수치도 높대요.

나: ____________________는다거나/ㄴ다거나/다거나 ____________________는다거나/ㄴ다거나/다거나 해 보세요.

4) 가: 직장 상사의 눈 밖에 났다는 생각이 들 때는 어떻게 하세요?

나: ____________________는다거나/ㄴ다거나/다거나 ____________________는다거나/ㄴ다거나/다거나 해요.

5) 가: 요즘 자살이 심각한 사회문제로까지 대두되고 있다면서요?

나: 네, ____________________는다거나/ㄴ다거나/다거나 ____________________는다거나/ㄴ다거나/다거나 하는 경우에 극단적인 선택을 하는 사람이 많아졌어요.

6) 가: 개업한 지 한 달이 지났는데 아직도 파리만 날리고 있어요.

나: 보통 대박이 난 식당들은 ____________________는다거나/ㄴ다거나/다거나 ____________________는다거나/ㄴ다거나/다거나 한다던데요.

-는/은/ㄴ 데

5. 서로 관계있는 것을 연결하고 '-는/은/ㄴ 데'를 사용해서 문장을 완성하십시오.

1) 노래 •	• 시간을 때운다
2) 자외선 차단제 •	• 나약한 사람을 강하게 만든다
3) 마스크 착용 •	• 햇빛으로부터 피부를 보호한다
4) 만화책 •	• 인간관계를 넓힌다
5) 군대 체험 •	• 어색한 분위기를 살린다
6) 동호회 활동 •	• 바이러스 감염을 방지한다

1) 노래는 어색한 분위기를 살리는 데 가장 효과가 좋아요.

2) ……………………………………

3) ……………………………………

4) ……………………………………

5) ……………………………………

6) ……………………………………

6. 다음 뉴스의 머리기사를 읽고 '-는/은/ㄴ 데'를 사용해서 대화를 완성하십시오.

배우 한미모　　한 달 후 활동가능

1) 기자: 선생님, 미모 씨의 부상정도가 심각하다고 하던데 언제쯤 활동이 가능한가요?
의사: 아마 완전히 회복하는 ~~는/은/ㄴ~~ 데에는 한 달은 있어야 할 것 같은데요.

우리 아이　　운동으로 키다리 만든다

2) 엄마: 우리 아이가 또래보다 작아서 걱정이에요.
의사: .... 는/은/ㄴ 데에는 유전적인 요인도 중요하지만 잘 자고 잘 먹고 규칙적으로 운동하는 것이 더 중요하대요.

과대광고　　소비자 과소비 부추겨

3) 미선: 요즘 광고를 보다 보면 과장이 너무 심한 것 같아.
영수: 그렇지 않아도 과대광고가 .... 는/은/ㄴ 데에 한 몫을 하고 있대.

인삼　　원기회복에 탁월

4) 미선: 영수 씨는 늘 인삼을 드시는데 효과가 있어요?
영수: 네, 인삼을 꾸준히 먹으니까 덜 피곤하고 쉽게 지치지도 않은 것 같아요.
역시 인삼은 .... 는/은/ㄴ 데에 효과가 있어요.

아름다운 몸매와 건강　　요가로 두 마리 토끼를 잡다

5) 영수: 요즘 젊은이들 사이에서 요가 열풍이 불고 있대요.
미선: 요가는 .... 는/은/ㄴ 데에 아주 도움이 되거든요.

한국어　　일 년 반 배우면 대학 수업도 가능

6) 미선: 한국어 실력이 부족해서 대학 수업을 중도에 포기하는 학생이 제법 많아요.
리에: .... 는/은/ㄴ 데에는 적어도 일 년 반 정도의 한국어 학습기간이 필요할 것 같아요.

1과 3항

읽고 말하기

1. 다음을 읽고 질문에 답하십시오.

사람은 누구나 성공을 갈망한다. 특히 경제적으로 힘든 요즘에는 과거 어느 때보다 성공에 대한 관심이 높아지고 있다. 이런 시대상을 반영하듯 각종 언론에서도 성공한 사람들의 이야기를 앞다투어 소개하고 서점가에도 매일 성공에 관한 책들이 쏟아져 나오고 있다. 인터넷에 들어가 '성공'이라는 단어를 치면 수천 가지 이상의 책 제목이 뜬다. 이 정도면 우리 사회가 성공의 열병을 앓고 있다고 해도 과언이 아닐 것이다.
다음은 최근 인터넷 서점가에서 많이 판매되고 있는 책 두 권을 소개한다.

〈서른셋 태봉 씨, 출세를 향해 뛰다!〉 : 김현수, 공병호 저. 흐름출판

– 성공의 기회를 발견한 태봉 씨의 좌충우돌 직장 성공기 (1)

자기계발과 관련해 핵심을 짚어내는 조언으로 많은 사랑을 받고 있는 공병호 박사는 자신의 실제 경험담을 바탕으로 구체적이고도 현실적인 성공 지침을 제공한다. 직업인으로 가장 생산적인 시기를 보내는 30대들이 보다 능동적인 자세로 목표를 향해 뛰고, 이를 바탕으로 좀 더 쉽게 성공의 토대를 구축할 수 있도록 한다.

소설 형식으로 구성된 이 책은 출세나 성공에는 관심이 없던 주인공 서태봉이 동기의 과장 승진 소식에 자극을 받고, 조직과 인생에서 인정을 받기 위해 변화하는 과정을 담고 있다. 새로운 마음으로 적극적으로 주위를 둘러보기 시작한 주인공은 그 동안 보지 못했던 성공의 열쇠들을 발견하고, 주변 인물들의 성공 사례를 직접 접하면서 그들의 비결 또한 터득하게 된다.

〈되는 나를 만드는 최고의 습관〉 : 고다마 미쓰오 저. 이동희 역. 도서출판 전나무숲

– 성공으로 이끄는 사고개혁 프로그램

최고가 되기 위한 행동 습관! 우뇌 훈련 전문가가 내 놓은 성공 습관 실천서!

대부분의 사람들이 무한한 잠재력을 가지고 태어났지만 좋은 습관의 미흡함으로 성공의 문턱에서 좌절한다고 한다. 저자는 자신에게 주어진 '살아있는 시간'이 한정되어 있음을 머릿속에 새기고 좋은 습관을 익힌다면 반드시 성공할 수 있다고 역설한다. 자신의 능력을 믿고 더 나은 자신을 위해 노력하는 습관을 들이면 누구라도 인생의 챔피언이 될 수 있는 것이다. 지금보다 더 나은 삶을 꿈꾼다면 이 책에서 말한 '삶에서 행운을 불러오고 기회를 잡을 수 있게 만드는 습관'을 배워라.

누군가는 성공도 배울 수 있는 기술이라고 했다. 책에서 얘기하는 것을 자기 것으로 만들어서 행동으로 옮기는 것도 성공으로 가기 위한 기술을 습득하는 것이 될 수 있다.
성공으로 한 걸음 다가가고 싶다면 성공과 관련된 책들과 친해져 봄이 어떨까?

1) 위 글은 무엇에 대한 글입니까? (   )

❶ 성공 전략 소개
❷ 성공 비결 소개
❸ 성공 지침서 소개
❹ 성공을 위한 최고의 습관 소개

2) 맞으면 ○, 틀리면 × 하십시오.

❶ 성공에 관한 책이 많이 출판되는 이유는 성공한 사람이 많아졌기 때문이다. (   )

❷ 〈서른셋 태봉 씨, 출세를 향해 뛰다!〉에서 주인공은 회사 동료에게 자극을 받고 노력해서 성공을 한다. (   )

3) 여러분이 위 책 중에서 한 권을 산다면 어느 책을 구입하겠습니까?
이유는 무엇입니까? 말해 봅시다.

듣고 쓰기

CD: 01

2. 다음을 듣고 질문에 답하십시오.

1) 들은 내용의 제목으로 가장 적당한 것을 고르십시오. (   )

❶ 웃으면 상대방에게 좋은 인상을 준다.
❷ 성공하려면 많이 웃어야 한다.
❸ 긍정적인 사람이 많이 웃는다.
❹ 첫인상이 성공을 좌우한다.

2) 맞으면 ○, 틀리면 × 하십시오.

❶ 하루 평균 아이들과 성인의 웃는 시간은 비슷하다. (   )

❷ 모습과 웃음소리 등이 그 사람의 첫인상을 결정한다. (   )

3) 성공하기 위한 방법에는 웃는 것 외에 또 무엇이 있을까요? 여러분의 생각을 써 봅시다.

❶ ....

❷ ....

❸ ....

속담 1

1. 가지 많은 나무 바람 잘 날 없다

자식을 많이 둔 부모는 이런 저런 걱정과 근심이 끊일 날이 없다는 말.

- 가지 많은 나무에 바람 잘 날 없다고 자식이 많은 부모는 항상 노심초사하며 마음 편할 날이 없습니다.

2. 개천에서 용 났다

형편이 어렵거나 변변하지 못한 집안에서 훌륭한 사람이 나왔다는 뜻.

- 어려운 가정형편에도 불구하고 피나는 노력을 하여 변호사가 된 지선에게 사람들이 개천에서 용 났다고 하며 뒷이야기를 했다.

3. 공든 탑이 무너지랴

힘을 다해서 일을 하면 반드시 좋은 결과가 온다는 뜻으로

공을 들여서 정성껏 한 일은 결코 헛되지 아니함을 이르는 말.

- 이 보고서는 거의 6개월이 넘도록 착실하게 준비한 자료를 바탕으로 만든 계획안이니까 틀림없이 통과될 거예요. 어디 공든 탑이 무너지겠어요?

4. 달면 삼키고 쓰면 뱉는다

이해관계에 따라 자신에게 이로우면 붙기도 하였다가 이롭지 않으면 돌아서기도 하는 믿음이 없는 행위를 가리키는 말로 자신에게 이익이 되는 일만 한다는 뜻.

- 달면 삼키고 쓰면 뱉는다고 간 쓸개 다 빼줄 것처럼 나한테 잘 하던 김 과장이 내 형편이 좀 어려워졌다고 모르는 척하더라.

5. 밑 빠진 독에 물 붓기

밑 빠진 독에 아무리 물을 부어도 독이 채워질 수 없다는 뜻으로, 아무리 힘이나 밑천을 들여도 보람 없이 헛된 일이 되는 상태를 이르는 말.

- 낭비벽이 심한 민수에게 매번 사업 자금을 대 주는 것은 밑 빠진 독에 물 붓기예요.

6. 백지장도 맞들면 낫다

아무리 쉬운 일이라도 혼자 하는 것보다 힘을 합하면 더 효과적이라는 뜻.

- 백지장도 맞들면 낫다고 아이들이 청소를 도와 줘서 생각보다 일찍 끝낼 수 있었어요.

7. 비 온 뒤에 땅이 굳어진다

비에 젖어 질척거리던 흙도 마르면서 단단하게 굳어진다는 뜻으로, 어떤 시련을 겪은 뒤에 더 강해짐을 이르는 말.

- 이명우 선수도 한 때 부상과 스캔들로 많은 어려움을 겪었지만 비 온 뒤에 땅이 굳어진다고 그런 어려움이 현재 최고의 선수로 성장할 수 있었던 밑거름이 되었다고 생각해요.

8. 서당 개 삼 년에 풍월을 한다(읊는다)

서당에서 삼 년 동안 살면서 매일 글 읽는 소리를 듣다 보면 개조차도 글 읽는 소리를 내게 된다는 뜻으로, 어떤 분야에 대하여 지식과 경험이 전혀 없는 사람이라도 그 부문에 오래 있으면 얼마간의 지식과 경험을 갖게 된다는 것을 이르는 말.

- 친구들과 같이 노래방에 자주 가다 보니 서당 개 삼년이면 풍월을 한다고 음치인 나도 이제는 유행하는 노래 몇 곡쯤은 따라 할 수 있게 되었답니다.

9. 소문난 잔치에 먹을 것 없다

떠들썩한 소문이나 큰 기대에 비하여 실속이 없거나 소문이 실제와 일치하지 않는 경우를 이르는 말.

- 어제 일간지마다 가보라고 추천한 딸기 축제에 갔다 왔는데 소문난 잔치에 먹을 것 없다고 볼만한 구경거리도 체험 행사도 거의 없어서 아주 실망했어.

10. 송충이는 솔잎을 먹어야 산다

사람은 자기 분수에 맞게 살아야 하며 분수에 맞지 않거나 넘치는 것을 시도하면 낭패를 본다는 말.

- 도시로 나간 친구들이 성공했다는 소식이 들려오기도 하지만 송충이는 솔잎을 먹어야 산다고 나 같이 농사일밖에 모르는 농부는 물 맑고 공기 좋은 시골이 최고야.

속담 연습 1

다음을 읽고 알맞은 속담을 넣어 대화를 완성하십시오.

1. 가: 박찬명 감독의 영화에 출연한다고 기자회견하시는 것을 봤습니다. 정계에 남으실 줄 알았는데요.

나: .... 고 하지 않습니까? 국회의원은 제가 할 일이 아닌 것 같습니다. 의원생활 내내 배우 시절이 그리웠습니다.

2. 가: 선생님, 이거 제가 만들었는데 한 번 드셔 보세요.

나: 와, 정말 맛있다! 제임스 씨, 한국요리를 배우신 적이 있으세요?

가: 아니에요. 그냥 같이 사는 친구가 한국요리를 할 때마다 도와 줬더니 .... 고 간단한 요리 정도는 만들 수 있게 되었어요.

3. 가: 어머니, 봉사활동 다녀오시느라 힘드실 텐데 오늘은 그냥 쉬세요. 저녁 준비는 서툴러도 제가 할게요.

나: 그래, 그럼 내가 콩나물만 다듬어 줄게. .... 고 내가 이거라도 해주면 식사 준비를 빨리 끝낼 수 있을 거야.

4. 가: 성윤 씨가 권고사직을 당했다는 소식 들었어요?

나: 금시초문이에요. 아니, 언제는 우수사원이라고 표창까지 하더니 건강이 나빠졌다고 사표를 내라고 하다니요.

가: 그러게 말이에요. 아무리 .... 는/은/ㄴ 세상이라고 하지만 너무하는 거 아니에요?

5. 가: 이번에 사법고시에서 수석을 한 사람에 대해서 이야기 들었어요?

나: 네, ... 었다고/았다고/였다고 하더군요.

가: 집안 형편이 어려워서 고생을 많이 했던 사람이니 그렇게 이야기할 만하지요.

6. 가: 정부에서 부실기업을 살리기 위해서 또 국민들이 낸 세금을 사용할 것 같아요.

나: 의도는 좋지만 별 희망도 안 보이는 회사에 많은 돈을 지원하면 뭐 하겠어요? 다 .... 지요.

7. 가: 옆집이 요즘은 잠잠하지요?

나: 네. 정말 다행이에요. 한동안 부부 간의 불화로 조용한 날이 없었잖아요. 사네 마네 하더니 요즘은 잉꼬부부가 따로 없어요.

가: .... 고 갈등을 겪고 난 후에 오히려 두 사람이 더 가까워졌나 봐요.

8. 가: 실패를 거듭하면서도 꿋꿋하게 10년을 연구 개발에만 매진하더니 드디어 국내외에서 특허를 받았대요. 이제 돈방석에 앉는 것은 시간문제예요.

나: ....겠어요? 오랜 시간 동안 엄청난 노력과 정성을 쏟았으니 좋은 결실을 맺게 된 것은 당연하지요.

9. 가: 옆집 영훈이가 축구하다가 넘어졌는데 다리가 부러졌대요.

나: 아이고, 영훈이 엄마가 많이 놀랐겠네요.

가: ....고 얼마 전에는 그 집 셋째가 교통사고가 나서 영훈이 엄마가 많이 고생했잖아요.

10. 가: 주말에 아이들과 같이 '피카소 특별전'에 다녀왔어요.

나: 그러셨어요? 안 보면 후회할 금세기 최고의 전시회라고 신문, 방송에서 하도 떠들어대서 저도 시간을 내서 한 번 가보려고 해요.

가: 글쎄요, 가보라고 별로 권해드리고 싶지는 않네요. ....고 피카소가 그린 그림은 단 두 점뿐이었어요. 나머지는 들어본 적도 없는 무명 현대화가들의 그림들이었어요. 돈이 아깝더라고요.

제2과 더불어 사는 사회

2과 1항

어휘

1. [보기]에서 알맞은 단어를 골라 빈 칸에 쓰십시오.

[보기]	공청회	화장장	취지	건립	납골시설	악취
	유해물질	하필이면	유치하다	확충하다	선정하다	소각하다

1) 정부는 최근 (공청회)을/를 통해 경제 정책에 대한 각계의 의견을 수렴하였다.

2) 저희 회사는 계열사 별로 모자라는 전문 인력을 연말까지 (   )을/ㄹ 계획이다.

3) 다른 지역도 많은데 (   ) 우리 마을에 쓰레기매립장이 들어오다니요.

4) 교육과학기술부는 우리 학교를 자연과학부문 올해의 최우수 교육기관으로 (   )었다/았다/였다.

5) 지방 자치 단체에서는 지역 개발 사업에 외국 자본을 적극 (   )기 위해 노력하고 있다.

6) 최근 추진되고 있는 주택 사업 건설은 서민 주택 문제 해결이라는 본래의 (   )에 어긋나 보인다.

7) 정부는 공사현장에서 발생한 폐기물을 안전하게 (   )는/은/ㄴ 데에 비싼 처리 비용이 든다고 했다.

8) (   )이/가 밴 운동화는 비눗물에 빤 뒤 식초를 서너 방울 떨어뜨린 물에 헹궈내면 불쾌한 냄새가 사라진다.

9) 최근 화장률이 급증하면서 납골당이나 납골묘와 같은 (   )이/가 급격하게 증가했다.

10) 수도권매립지관리공사는 폐기물 매립이 끝난 제1매립장에 골프장과 수영장, 승마장을 (   )해 경기장으로 활용할 계획이다.

11) 담배 연기에는 각종 (   )이/가 수 천 가지 들어 있는데 직접적인 발암물질만 해도 20여 가지가 넘는다고 한다.

12) 경기도내 화장 인구가 해마다 늘고 있으나 (   ) 관련 시설이 부족해서 도민들이 불편을 겪고 있다.

2. 다음 두 문장에 공통으로 들어갈 단어를 [보기]에서 찾아 쓰십시오.

[보기]	시위	분쟁	혐오시설	유발하다	조정하다	기피하다	벌이다

1) • 식품 첨가물이 호흡기와 피부 질환뿐만 아니라 암도 (유발할)~~을/ㄹ~~ 수 있다는 연구 결과가 나왔다.

• 폐렴은 생명을 위협하는 2차 합병증을 (유발하)기 때문에 위험하다.

2) • 종교적 갈등으로 인한 (   ) 지역으로의 여행은 자제하시길 바랍니다.

• 정식 재판 건수가 크게 증가한 것은 개인 간 (   )에서 화해를 거치지 않고 법으로 해결하려는 경향이 강하게 작용했기 때문이다.

3) • 주민들은 공장을 둘러싸고 격렬하게 항의 시위를 (   )었다/았다/였다.

• 노사 모두 책임 공방만 (   )다가 결국 대량 해고 사태를 초래하고 말았다.

4) • 장애인생활시설 등을 (   )으로/로 인식한 지역주민들의 반대에 부딪혀 사업 시행이 지연되는 경우도 많다.

• 하수종말처리장이 지하에 건설돼 '(   )이/가 우리 지역에 들어오면 안 된다'는 님비(NIMBY)현상이 해결되었다.

5) • 담당기관은 집회나 (   )이/가 평화적으로 진행될 수 있도록 집회 주최 측에 질서 유지를 요청했다.

• 중소상인들이 정부중앙청사 앞에서 중소상인을 살리기 위한 정부의 적극적인 대책을 요구하는 (   )을/를 벌였다.

6) • 최근에는 조각품에 대한 기호가 크게 떨어져 상업 화랑에서도 전시회를 (   )는/ 은/ㄴ 것으로 나타났다.

• 장례식장은 생활에 반드시 필요한 시설이므로 단순한 지역 이기주의로 건립을 (   )으면/면 안 된다는 재판 결과가 나왔다.

문법

-었던들/았던들/였던들

3. 다음 기사를 읽고 '-었던들/았던들/였던들'을 사용해서 문장을 만드십시오.

소 잃고 외양간 안 고친 보석박물관

보석으로 유명한 도시가 1) **관리 소홀로 도둑들의 표적이 되고 있다.**

지난해 67억 원 어치의 귀금속을 도난 당한 보석박물관에 또 도둑이 들었다. 보석박물관에 1차 도난사건이 발생하자 2) **경찰은 박물관 측에 청원경찰 증원 및 시설보완 등을 권고했으나 거의 받아들여지지 않았다.** 그런 상태에서 또 다시 도난 당하는 사건이 발생했다. 3) **박물관은 경찰이 요구한 방범시설을 제대로 갖추지 않아 도난사건을 자초한 것이다.** 범인들은 1층 유리 출입문을 깨고 들어와 11곳의 박물관 진열대 가운데 한 곳에서 3500만 원 어치의 에머랄드와 루비 등 120점을 훔쳐 달아났다. 지난해 5월 귀금속 판매 센터에 67억 원의 대형 도난사고가 발생한 지 불과 1년 만의 일이다. 지난해에는 열감지기에 화장지를 집어넣은 범인들에게 속수무책으로 당하더니, 이번에는 조용한 새벽시간에 통유리를 깨는 소음에도 범인들을 잡지 못했다. 범인들은 창문 틈새에 나무판자를 고정시켜 놓고 유리를 깨고 들어가서 순식간에 귀금속을 가지고 나온 것이다. 그곳의 4) **감시용 CCTV 2개 가운데 하나는 처음부터 작동하지 않는 전시용이었으며** 나머지 5) **CCTV에는 용의자 2명의 모습이 찍혔지만 선명하지 않아서 경찰 수사에 아무런 도움이 되지 않았다.** 또한 도난 구역은 6) **보험에 가입도 되어 있지 않아 아무런 보상을 받을 수도 없다.** 박물관은 소를 잃고도 외양간을 고치지 않은 것이다.

1) 관리가 소홀하지 않았던들 도둑들의 표적이 되지는 않았을 텐데.

2) ....

3) ....

4) ....

5) ....

6) ....

4. '-었던들/았던들/였던들'을 사용해서 다음 대화를 완성하십시오.

1) 가: 지난번에 휴가 갈 때 차가 고장이 나서 사고가 날 뻔했다면서요?

나: 네, 미리 자동차를 점검만 했던들 ~~었던들/았던들/였던들~~ 그렇게 위험한 일은 없었을 거예요.

2) 가: 노사 협상이 결렬되면서 직원들의 파업이 다시 시작됐대요.

나: ______________________ 었던들/았던들/였던들 파업까지 가지는 않았을 텐데.

3) 가: 작년부터 붕괴 위험이 있다고 지적되어 왔던 축대가 이번 폭우로 무너지면서 차량 여러 대가 파손되었어요.

나: ______________________ 었던들/았던들/였던들 그런 사고가 발생하지는 않았을 걸.

4) 가: 간 이식까지 받은 김 과장이 무리를 해서 일하더니 결국 또 입원을 했다면서요?

나: ______________________ 었던들/았던들/였던들 그렇게 건강이 악화되지는 않았을 텐데.

5) 가: 올해도 예년과 같이 태풍으로 해안 지역 주민이 피해를 입었다던데…….

나: ______________________ 었던들/았던들/였던들 똑같은 피해가 발생하지는 않았을 거예요.

6) 가: 노래방에서 발생한 화재로 많은 인명피해가 났다면서?

나: 응, ______________________ 었던들/았던들/였던들 아까운 목숨을 잃지는 않았을 텐데.

-어/아/여 주십사 하고

5. 다음 글을 읽고 '-어/아/여 주십사 하고'를 사용해서 문장을 만드십시오.

식당 주인이 개업을 한 후 고객들에게 개업 선물을 주러 왔다

1) 식당 주인: 저희 식당을 자주 애용해 주십사 하고 개업 선물을 가지고 왔습니다.

신인 가수는 자신의 첫 콘서트 초대권을 지인들과 팬들에게 주었다.

2) 신인 가수: ....

서울 광고 회사 인사부 과장은 성실한 사람을 추천해 달라고 대학 교수들을 찾아 왔다.

3) 과장: ....

대학원생은 이번에 자신이 발표하려고 쓴 논문을 가지고 교수님을 방문해서 검토를 부탁했다.

4) 대학원생: ....

보험회사 영업사원은 다시는 부탁을 안 할 테니 이번 한 번만 보험을 들어 달라고 방문을 했다.

5) 영업사원: ....

정부는 지역 주민들에게 이곳에 쓰레기 매립장 설립을 동의해 달라고 설명회를 열었다.

6) 정부: ....

6. '-어/아/여 주십사 하고' 를 사용해서 다음 대화를 완성하십시오.

1) 가: 이렇게 늦게 무슨 일이에요?
   나: 웨이 씨 연락처 좀 알려 주십사~~어/아/여 주십사~~ 하고 전화 드렸어요.

2) 가: 아니 이거 웬 떡이에요? 개업하셨어요?
   나: 네, ________________ 어/아/여 주십사 하고 드리는 떡이에요.

3) 가: 김 과장, 무슨 일로 여기까지 왔지?
   나: ________________ 어/아/여 주십사 하고 직접 왔습니다.

4) 가: 어떻게 오셨습니까?
   나: 저는 독거노인을 위한 봉사단체에서 나왔는데요, ________________ 어/아/여 주십사 하고 찾아 왔습니다.

5) 가: 쓰레기 매립장 건은 다 끝난 얘긴데 김 의원은 그 문제를 왜 또 꺼내고 그래요?
   나: 그래도 ________________ 어/아/여 주십사 하고 말씀 드리는 거예요.

6) 가: 자네 오랜만에 학교까지 웬일인가?
   나: ________________ 어/아/여 주십사 하고 선생님을 뵈러 왔습니다.

2과 2항

어휘

1. 다음 글을 읽고 [보기]에서 알맞은 단어를 골라 빈 칸에 쓰십시오.

[보기]	이윤	저소득층	차원	펼치다	환원하다
	급급하다	파견하다	공헌하다	바람직하다	

요즘 대부분의 기업들은 '토양이 좋아야 나무가 잘 자라듯 그 토대가 되는 사회가 건강해야 기업도 발전한다'는 철학을 근간으로 그룹 1) (**차원**)에서 튼튼하고 건강한 사회 만들기에 앞장서고 있다. 다시 말해 기업들이 자신들의 2) ( )추구에만 3) ( )어/아/여하기 보다는 모두가 함께 잘 살기 위해 무엇을 어떻게 해야 할 것인가를 고민하는 것이다. 그래서 많은 기업들은 기업의 이윤을 지역 사회에 4) ( )고자 다양한 사회사업을 5) ( )고 있다. 그 중 특히 교육환경이 열악한 6) ( ) 자녀를 위해 교육 전문가를 현장에 7) ( )어/아/여 교육환경을 개선하고, 교육비를 지원하는 사업에 많은 예산을 배정해 밝고 건강한 사회를 만드는 주인공들을 길러내는 데 중점을 둔다.

이에 지방 자치 단체에서도 '기업들이 발 벗고 나서 아동 복지를 위해 이윤을 사회에 환원하는 것은 매우 8) ( )는/은/ㄴ 일'이라며 '아동 종합복지관 등의 건립은 아이들의 삶의 질을 한 단계 높이는 계기가 될 뿐 아니라 기부문화를 확산하는 데도 크게 9) ( )을/ㄹ 것으로 기대된다'고 밝혔다.

2. [보기]에서 밑줄 친 것과 관계있는 단어를 골라 빈 칸에 쓰십시오.

[보기]	지원하다	기여하다	기부하다	기증하다	기탁하다	창출하다

1) 몇몇 기업체가 실버 봉사단의 공연활동을 **뒷받침하기로 했다.**

(**지원하다**)

2) 교통의 발달은 국제 분업과 무역을 촉진하는 데 크게 **이바지했다.**

( )

3) 평생 모은 재산을 소년 소녀 가장들을 위해 써 달라고 장학재단에 **맡긴** 한 할머니의 이야기가 화제가 되고 있다. (　　　　　)

4) 어느 독지가가 장애인을 위한 복지 시설이 들어서게 될 부지를 아무 **대가 없이 내 놓았다.** (　　　　　)

5) 휴대용 스피커를 만드는 중소기업 A사는 제품의 뛰어난 음질 외에도 고급스러운 디자인으로 높은 부가가치를 **만들어 낼 수 있었다.** (　　　　　)

6) 가수 윤도현은 이번 콘서트의 수익금 전액을 환경보호에 써 달라며 **내 놓았다.** (　　　　　)

문법

-으면/면 몰라도

3. 다음 표를 읽고 '-으면/면 몰라도'를 사용해서 문장을 만드십시오.

조건	예측
1) 지금보다 파격적인 대우를 해준다	다른 직장으로 옮기지 않을 것이다
2) 획기적인 신약이 개발된다	인간은 암을 정복할 것이다
3) 소음과 분진 문제가 해결된다	주민들은 도로확장공사에 동의할 것이다
4) 회사 측이 노조 측의 요구를 들어준다	노조는 파업을 그만 둘 것이다
5) 지위고하를 막론하고 적용할 수 있는 법을 제정한다	부정부패를 완전히 뿌리 뽑을 수 있을 것이다
6) 소각장에서 나오는 유해물질을 완벽하게 차단시킨다	주민들은 쓰레기 소각장 건립을 찬성할 것이다

1) 지금보다 파격적인 대우를 해주면 몰라도 다른 직장으로 옮길 것이다.

2) ....

3) ....

4) ....

5) ....

6) ....

4. '-으면/면 몰라도'를 사용해서 다음 대화를 완성하십시오.

1) 가: 요즘 단백질만 섭취하는 황제 다이어트가 살 빼는 데 그만이래요.
   나: 꾸준히 하면~~으면/면~~ 몰라도 그것만 해서는 살빼기가 쉽지 않을 거예요.

2) 가: 화장품을 이렇게 많이 샀는데 견본품은 안 주세요?
   나: 죄송하지만 ____________________으면/면 몰라도 이 정도 금액으로는 드릴 수 없습니다.

3) 가: 이번에 신도시 아파트에 당첨만 되면 소원이 없겠어요.
   나: ____________________으면/면 몰라도 아마 하늘의 별따기일 거예요.

4) 가: 그렇게 취직하기가 어려우면 3D 업종의 일자리라도 구해보는 게 어때요?
   나: ____________________으면/면 몰라도 전 위험한 일은 하기 싫어요.

5) 가: 여의도에서 불꽃축제를 한다던데 한 번 가 봐.
   나: 싫어, ____________________으면/면 몰라도 혼자서는 청승맞잖아.

6) 가: 달동네에 가 보면 가난이 세습되는 것 같아 마음이 너무 아파요.
   나: ____________________으면/면 몰라도 쉽게 형편이 좋아지지는 않을 거예요.

-겠거니 하고

5. 다음은 '생각과 행동, 그리고 사실'입니다. 읽고 '-겠거니 하고'를 사용해서 문장을 만드십시오.

생각	행동	사실
1) 모두 배운 내용이어서 시험을 잘 볼 것이다	문제를 냈다	결과는 기대 이하였다
2) 내가 아프다고 하면 누군가 집을 치울 것이다	하루종일 손가락 하나 까딱하지 않고 누워 있었다	일어나 보니 집안은 엉망이었다
3) 신분증이 없어도 담배를 구입할 것이다	돈만 달랑 가지고 슈퍼에 갔다	신분증을 요구하는 바람에 빈손으로 돌아왔다
4) 평일이어서 관람객이 적을 것이다	표를 예매하지 않았다	좋은 좌석은 다 팔리고 없었다
5) 간단한 일이라서 하루정도면 끝낼 것이다	후배에게 일을 맡겼다	일주일째 깜깜 무소식이다
6) 워낙 유명 회사 제품이라 하자가 없을 것이다	꼼꼼히 살펴보지 않고 샀다	집에 와서 보니 마무리가 잘 되어 있지 않았다

1) 모두 배운 내용이어서 시험을 잘 보겠거니 하고 문제를 냈는데 결과는 기대 이하였다.

2) ....

3) ....

4) ....

5) ....

6) ....

6. '-겠거니 하고'를 사용해서 다음 대화를 완성하십시오.

1) 가: 음식이 부족할 것 같아요. 어떻게 하지?

나: 글쎄 말이야.

나도 10인분이면 충분하겠거니 ~~겠거니~~ 하고 조금만 준비했는데 이렇게 부족할 줄은 몰랐어.

2) 가: 아이가 아직 어려서 아무 것도 모를 줄 알았는데 다 알고 있었어요.

나: ....겠거니 하고 함부로 얘기하면 안 돼요.

3) 가: 오늘은 중요한 결정을 해야 하는데 왜 이렇게 회의 참석률이 저조하지요?

나: 지난주에 미리 공지해서 ....겠거니 하고 확인 연락을 안 한 것이 문제였던 것 같아요.

4) 가: 세금이 인하되면 경제가 활성화되나요?

나: 저도 처음엔 ....겠거니 하고 기대를 했는데 별 도움이 되지 않는 것 같아요.

5) 가: 제 본심을 이해 못하실 분도 아닌데 이제는 화가 풀렸겠지요.

나: 시간이 지나면 ....겠거니 하고 안심했는데 제 생각이 잘못 된 것 같아요.

6) 가: 지난해 가입했던 펀드는 수익률이 어때요?

나: 펀드매니저가 ....겠거니 하고 마음을 놓고 있었는데 펀드 수익률이 30%나 떨어졌어요.

2과 3항

읽고 말하기

1. 다음 글을 읽고 질문에 답하십시오.

서울시 ○○지역주민과 사사건건 '충돌'

"아파트 재건축 허가는 내줘야 하고 재산세 중과는 안 된다"
"임대아파트가 들어서면 인근의 비싼 아파트 값이 떨어지므로 안 된다"
"쓰레기 소각장, 장묘공원 등 혐오시설은 절대 허용할 수 없다"

서울시가 ○○지역 주민들의 지나친 집단 지역 이기주의로 골머리를 앓고 있다. 중앙정부나 서울시의 시책을 외면하고 오로지 지역주민 편들기에만 급급한 해당 구청의 편협한 행정도 골칫거리다.

○○지역은 재정자립도가 100%에 달해 중앙정부나 서울시에 재정적으로 기댈 필요가 거의 없다. 또 선거로 뽑힌 구청장들은 '주민표'를 의식한 나머지, 주민들의 이기적인 민원도 적극적으로 수렴하는 실정이다. 이 때문에 부동산투기를 잠재우기 위한 재산세 중과 정책, 아파트 재건축 시기 조정 등 중앙정부 및 서울시가 시행하려고 하는 정책에 대해 지역사회의 이해와 맞지 않을 경우 사사건건 반대하고 조례 등을 통해 지역단체가 사업을 독자적으로 추진하고 있다.

○○지역 인근 H아파트의 경우 주민 1천여 명이 최근 주변에 임대아파트를 건설하려는 서울시 계획에 반대하는 청원을 시의회에 제출했다. 이들은 저소득층을 위한 값싼 임대 아파트 단지가 들어설 경우 동네 수준이 낮아지고 기존의 비싼 고급아파트값이 떨어질 것을 우려한 나머지 반대에 나선 것으로 알려졌다.

또한 서울시가 ○○지역 인근에 추모공원(납골당 및 화장터)을 설립하기 위해 3년 동안이나 지역 주민들을 설득했으나 님비(NIMBY:혐오시설기피증)현상을 끝내 극복하지 못하고 사실상 백지화시킨 일도 있다.

1) 위 글은 무엇에 관한 글입니까?

2) 위 글의 내용과 **다른** 것을 고르십시오. (　　　)

❶ ○○지역은 재정 자립도가 높은 편이다.

❷ ○○지역 주민은 서울시의 정책이 자신들의 이해와 맞지 않을 경우 반대한다.

❸ ○○지역 주민은 부동산 투기 과열을 우려해 임대아파트 건설을 반대한다.

❹ ○○지역 구청장은 주민의 표를 의식해서 지역 주민들의 의견을 적극 받아들인다.

3) 이 지역의 문제는 무엇입니까?
어떻게 해결할 수 있을지 자신의 의견을 이야기해 봅시다.

듣고 쓰기

CD: 02

2. 다음을 듣고 질문에 답하십시오.

1) 무엇에 관한 내용입니까? (   )

❶ 현대 전자의 자원봉사 팀 소개

❷ 현대 전자의 사회공헌 활동 소개

❸ 현대 전자의 봉사지원시스템 소개

❹ 현대 전자의 봉사 활동 장려 소개

2) 사회봉사단 사무국에서 하는 일이 **아닌** 것을 고르십시오.(   )

❶ 자원 봉사 센터를 두고 사회복지사가 항상 근무한다.

❷ 자원봉사인증관리시스템을 만들어 개인의 봉사 실적을 관리한다.

❸ 문화 예술단을 만들어 지역 주민들의 행복 증진에 기여하고 있다.

❹ 우수 봉사팀을 시상하는 제도를 통해 임직원의 봉사 활동을 장려하고 있다.

3) 만약 여러분이 사회봉사단을 만든다면 무슨 일을 하시겠습니까?
다음에서 필요한 단어들을 선택하여 써 봅시다.

사회보육시설	장애시설	보육원	양로원	공부방
독거노인	저소득층	장애인	무료급식	목욕봉사
방과 후 교실	의료봉사	소외계층		

속담 2

1. 새 술은 새 부대에

새로운 제도나 체제를 수립하면 과거의 낡은 인습이나 규칙, 사람 등을 과감히 버리고 내용과 형식일체를 새롭게 정립해야 한다는 의미.

- 새 술은 새 부대에 담아야 하듯이 경제적 · 정치적 변화가 필요한 시대에는 민족과 국가를 개혁할 수 있는 새로운 지도자가 필요하다.

2. 안 되면 조상 탓 잘 되면 제 탓

일이 잘 되면 자기가 잘 해서 된 것으로 여기고 안 되면 남을 원망한다는 뜻.

- 함께 일을 하다가 실패로 끝나니까 안 되면 조상 탓 잘 되면 제 탓이라고 사태의 책임을 서로에게 돌리면서 반목하기 시작했다.

3. 열 번 찍어 안 넘어가는 나무 없다

아무리 어려운 일이라도 끊임없이 노력하면 이루어진다는 뜻.

- 영미가 내 데이트 신청을 거절했지만 나는 열 번 찍어 안 넘어가는 나무 없다는 믿음을 가지고 계속 도전해 보련다.

4. 옥에도 티가 있다 / 옥에 티

아무리 훌륭한 사람 또는 좋은 물건이라 하여도 자세히 따지고 보면 사소한 흠은 있다는 말.

- 새로 이사한 하숙집은 주인 아주머니도 친절하시고 음식도 입에 맞고 집도 깨끗하고 다 좋은데 도로변이라 시끄러운 게 옥에 티예요.

5. 입이 열 개라도 할 말이 없다

잘못이 명백히 드러나 변명의 여지가 없다는 의미.

- 연쇄 살인범을 눈앞에서 놓친 것에 대해서 경찰은 입이 열 개라도 할 말이 없다며 사죄했다.

6. 잘 자랄 나무는 떡잎부터 알아본다

앞으로 훌륭하게 될 사람은 어려서부터 남다른 장래성이 엿보인다는 뜻.

- 잘 자랄 나무는 떡잎부터 알아본다고 노벨 물리학상을 받은 김 박사는 어릴 때부터 선생님도 풀지 못한 수학문제를 척척 풀곤 했다지요?

7. 종로에서 뺨 맞고 한강에서 화풀이 한다

욕을 당한 자리에서는 아무 말도 못하고 엉뚱한 곳에 가서 불평함을 이르는 말.

- 형은 종로에서 뺨 맞고 한강에서 화풀이한다고 엄마한테 야단맞고는 죄 없는 나한테 계속 짜증을 내고 있다.

8. 중이 제 머리 못 깎는다

자기가 자신에 관한 일을 좋게 해결하기는 어려운 일이어서 남의 손을 빌려야만 이루기 쉬움을 이르는 말.

- 내가 학교에서 아이들을 가르치고는 있지만 중이 제 머리 못 깎는다고 내 자식은 직접 못 가르치겠더라.

9. 첫 술에 배부르랴

어떤 일이든지 단번에 만족할 수는 없다는 말.

- 배우기 시작한 지 얼마 되지는 않았지만 한국어 실력이 빨리 늘지 않아서 마음이 조급하다. 하지만 첫 술에 배부르겠냐고 생각하고 차근차근 계속 노력해 봐야겠다.

10. 한 번 엎지른 물은 다시 주워 담지 못 한다

일단 저지른 잘못은 회복하기 어렵다는 말.

- 그렇게 입이 가벼운 친구에게 얼떨결에 비밀얘기를 한 걸 백 번 천 번 후회했지만 이미 한 번 엎지른 물은 다시 주워 담지 못하니 가슴만 칠 뿐이야.

속담 연습 2

다음을 읽고 알맞은 속담을 넣어 대화를 완성하십시오.

1. 가: 관객 1,000만을 넘긴 영화 '경포대'를 드디어 어제 봤어요.

나: 1,000만을 넘길 만하던가요?

가: 네, 이야기도 재미있고 특수효과도 대단하고 배우들 연기도 훌륭했는데, 배우들의 사투리가 좀 어색한 것이 ………………………… 이었어요/였어요.

2. 가: 영숙아, 아까 엄마가 왜 그렇게 우리에게 화를 내셨지? 보통 때 같으면 그냥 넘어가실 일인데…….

나: 엄마가 오늘 아침에 할머니께 크게 혼나서 그래.

가: ………………………… 고 할머니께 야단맞았는데 우리한테 그러시면 안 되지.

3. 가: 시장님, 지하철 9호선이 시운전 때 발견된 결함 때문에 개통이 세 번이나 지연된 것에 대해서 어떻게 생각하십니까?

나: 사전에 철저히 대비하지 못한 것은 저희들의 불찰입니다.

………………………… 습니다/ㅂ니다.

4. 가: 드디어 계약을 성사시키셨다면서요? 축하해요.

나: 감사합니다. 사실 이번 계약 건은 좀 힘들었습니다.

가: 보험은 절대 들 일이 없을 거라는 고객의 마음을 어떻게 바꾸셨어요?

나: 고객의 냉대와 무시 때문에 마음 상한 일도 많았지만 포기하지 않고 자주 고객과 접촉하면서 보험의 필요성을 강조했더니 마음을 돌리던데요. ………………………… 고 하지 않습니까?

5. 가: 선생님, 조선시대 사회를 지배하던 이념이 불교였나요?

나: 아니야, 조선시대는 고려시대와는 달리 유교였어.

가: 왜 불교를 버리고 유교를 택했을까요?

나: 그거야 ………………………… 이라는/라는 말이 있듯이 새로운 나라 조선은 친불교 정책을 폈던 고려와는 차별화되는 새로운 이념이 필요했겠지.

6. 가: 어휴, 이 일을 어떡하지? 큰일 났네.

나: 무슨 일인데 그래?

가: 아, 글쎄, 친구에게 문자를 보낸다는 것이 그만 과장님께 보내버렸어. 그것도 과장님 욕이 잔뜩 쓰인 내용을 말이야. 시간을 10분 전으로 되돌릴 수는 없을까?

나: ………………………… 고 후회한다고 해결될 일도 아니니 내 생각에는 내일 회사에 가서 진심으로 사과드리는 것이 최선인 것 같다.

7. 가: 진희야, 네가 맺어준 부부가 10쌍이 넘는다면서 너는 왜 노처녀 소리를 듣고 다니니?

나: ______________________________는 말이 있잖아요. 제 일은 이상하게 제 뜻대로 풀리지를 않네요.

8. 가: 초등학교에 다니는 제 조카 희수가 서울에서 열리는 '세계 어린이 환경 회의'에 한국 대표로 참가해요.

나: 와, 대단하군요. ______________________________고 커서 큰 인물이 되겠는데요.

9. 가: 여보, 개업하고 한 달 동안 입이 부르트도록 열심히 일했는데 왜 수입은 이것밖에 안되지요? 이러다 식당 문 닫는 거 아니에요?

나: 좀 더 기다려 봅시다. 전단지도 돌리고 했으니 입소문이 나면 손님도 점점 늘고 수입도 많아지겠지요. ______________________________겠어요?

10. 가: 운동경기 심판들은 동네북 신세를 면하기 어려운 것 같아요.

나: 동네북이라니요? 그게 무슨 말이에요?

가: ______________________________이라고/라고 선수들이나 감독들은 경기에서 이기면 자기들의 실력이 좋아서 이겼다고들 하고, 지면 심판의 판정이 잘못됐기 때문이라고들 하니까요.

제3과 남성과 여성

3과 1항

어휘

1. [보기]에서 알맞은 단어를 골라 빈 칸에 쓰십시오.

[보기]	인사이동	현모양처	병행하다
	각오를 하다	동분서주하다	마음을 졸이다

어제 회사에서 1) (인사이동)이/~~가~~ 있었다. 올해 별다른 성과를 내지 못한 나는 2) ( ) 고만 있었는데 아니나 다를까 그토록 우려했던 지방 발령이 나고야 말았다.

내 꿈은 현명한 어머니이며 착한 아내인 3) ( )이었다/였다. 그래서 다니던 회사마저 그만두고 살림하는 데만 신경을 썼다. 하지만 하루 종일 집에만 있어야 하는 생활이 무척 지루하고 무료했다. 그래서 직장을 구하지 못하면 아르바이트라도 하겠다는 4) ( ) 고 직장을 구하러 다녔다.

운 좋게 일자리를 구한 나는 처음에는 직장에서 인정을 받기 위해 5) ( ) 었다/았다/였다. 하지만 처음의 의도와는 달리 현재의 나는 가정주부로서의 역할도 제대로 못하고 직장에서도 능력 발휘는커녕 맡겨진 업무조차 성실히 해내지 못하고 있다. 이런 상황에서 지방 발령은 불 보듯 뻔한 결과였다.

정말로 이 세상에서 여자가 가정 생활과 직장 생활을 6) ( )으면서/면서 살아가기는 불가능하단 말인가?

2. [보기]에서 알맞은 단어를 골라 빈 칸에 쓰십시오.

[보기] 전업주부 맞벌이 부부 요조숙녀 슈퍼우먼 가사분담

1) 나는 직장과 가정을 성공적으로 병행하고 있는 여자이지요. (슈퍼우먼)

2) 요즘 우리 집에서는 남편과 제가 집안일을 나누어서 해요. (   )

3) 결혼 전에 다니던 직장을 그만두고 이제는 살림만 하기로 했어요. (   )

4) 우리 부부는 집 장만 시기를 앞당기기 위해 둘 다 직장에 다녀요. (   )

5) 김미선 씨는 말과 행동에 품위가 있으며 얌전하고 정숙한 여자예요. (   )

문법

-은/ㄴ 채

3. 다음 글을 읽고 '-은/ㄴ 채'를 사용해서 문장을 만드십시오.

> 과거를 만나 오늘을 위로 받는다.
>
> 2000년대 초반 '아이러브스쿨'이란 인터넷 동창 찾기 사이트나 영화 '친구'의 영향으로 20 · 30대 층에서 동창회가 잠시 붐이 일기도 했다. 하지만 요즘은 40 · 50대들에게도 초등학교 동창회는 '필수 모임'이다.
>
> 머리에 흰서리가 내리고 가슴과 허리선이 구분이 안 되는 나이, 선생님과 함께 모이면 누가 스승이고 누가 제자인지 구분하기 어려운 중년들. 이들은 바로 어제 들은 이름이 기억나지 않고 당장 몇 시간 전에 놓아둔 휴대전화가 어디에 있는지 까마득하기만 하지만, 30~40년 전의 일들은 마치 어제 일처럼 생생하기만 하고 서로 기억나지 않는 부분은 퍼즐 조각 끼워 맞추듯 되찾아낸다. 이처럼 타임머신을 타고 옛 시절로 돌아가는 즐거움을 이 나이에 어디에서 찾을 수 있을까?
>
> 30년 만에 초등학교 동창회에 참석한 김영석 씨. 너무 오랜만이라 처음에는 서먹서먹했지만 어느새 그 자리가 익숙해졌다. '그 옛날 장기자랑을 할 때 늘 눈을 지그시 감고 노래를 불렀던 미선이, 항상 입을 꼭 다물고 수줍게 웃기만 하던 영희도 만났다. 소풍 때 팔에 붕대를 칭칭 감고 무대에 올라 열창을 하던 영수와 가방을 메고 신나게 막춤을 추던 민철이도 왔다. 둘은 오늘도 그때처럼 한번 신나게 놀아보자고 말해 모두들 한바탕 웃기도 했다. 수업시간에 항상 고개를 숙이고 조용히 수업을 듣던 새침떼기 정희. 예나 지금이나 말을 붙이기가 어렵다. 그런데 민정이는 안 보인다. 몇몇은 집에 돌아가기 시작했건만 아직도 오지 않는다. 두 손을 모으고 먼 산을 바라보며 시를 읊던 모습이 아직도 눈앞에 선한데.'
>
> 김영석 씨는 서로의 얼굴에서 주름살을 발견하고 안쓰러워하면서도 같이 손잡고 늙어갈 친구가 있다는 것에 새삼 감사하면서 집으로 향했다.

30년 전 친구들의 모습을 그려 본다.

1) 미선이는 늘 눈을 지그시 감은 채 노래를 불렀다.

2) 영희는 ....

3) 영수는 ....

4) 민철이는 ....

5) 정희는 ....

6) 민정이는 ....

4. '-은/ㄴ 채'를 사용해서 다음 대화를 완성하십시오.

1) 가: 무슨 기분 나쁜 일이라도 있어? 왜 그렇게 화를 내?

나: 말도 마. 아이들이 방을 이렇게 어질러 놓은 ~~은/ㄴ~~ 채 텔레비전만 보는데 화가 안 나겠어?

2) 가: 안색이 별로 안 좋아 보이는데 어디 아파요?

나: .... 은/ㄴ 채 잤더니 감기에 걸린 것 같아요.

3) 가: 이산화탄소 발생량 규제에 대해 타협점을 찾았어요?

나: 아니요, ... 은/ㄴ 채 자국의 입장에서만 일방적으로 주장하고 있어 타협점을 찾기가 어려워요.

4) 가: 서비스 업종에서 일하는 사람들 중 5분의 1이 우울증에 시달린다면서요?

나: 네, 직업상 .... 은/ㄴ 채 친절하게 고객을 대해야 하기 때문이에요.

5) 가: 지난 추석에 종교 단체에서는 지진으로 피해를 입은 지역을 방문해 2,000만 원 상당의 구호품을 이재민들에게 전달했다지요?

나: 네, ... 은/ㄴ 채 절망 속에 빠진 이재민을 찾아 구호품을 전달하고 위로와 사랑을 실천하고 왔대요.

6) 가: 가을철로 접어들면서 주말은 물론 주중에도 산을 찾는 사람들이 늘고 있는데요, 등산을 할 때 유의해야 할 점은 무엇입니까?

나: 등산은 적은 비용으로 친목을 다지고 건강까지 챙길 수 있는 여가활동임에 분명하지만 .... 은/ㄴ 채 산에 오르면 발목이나 허리 등에 부상을 당할 위험이 크니까 이 점에 유의하셔야 합니다.

-으리라는/리라는

5. 다음 글을 읽고 '-으리라는/리라는'을 사용해서 문장을 만드십시오.

> 김영수 감독은 선수들과의 불화를 종식시키고 다음 올림픽에서 새로운 기록을 세우겠다는 일념으로 훈련을 준비했고, 선수들 또한 감독을 믿고 최선을 다해 훈련에 임하겠다는 자세로 훈련장에 나왔다.

1) 감독: 선수들과의 불화를 종식시키고 다음 올림픽에서 새로운 기록을 세우리라는 일념으로 훈련을 준비했다.

2) 선수: ....

> 노사 협상에 임하기 전에 회사 측에서는 무노동 무임금의 원칙을 고수하겠다는 입장을 밝혔고, 이에 노조 측에서는 해고 근로자들의 복직이 보장되지 않으면 사측의 주장을 절대로 받아들이지 않겠다는 결의를 보였다.

1) 회사: ....

2) 노조: ....

> 국민들의 불신이 걷잡을 수 없이 커지자 정부는 대책 마련에 부심했다. 정부는 국민을 섬기는 정부로 거듭나겠다는 의지로 정부 조직을 개편했고, 국민들은 이러한 정부의 적극적인 태도에 이번 사태가 조속히 해결될 거라는 기대를 하게 됐다.

1) 정부: ....

2) 국민: ....

6. '-으리라는/리라는'을 사용해서 다음 대화를 완성하십시오.

1) 가: 연세 자동차와의 부품 생산 계약 건은 잘 되어가나?
   나: 네, 이번 계약은 무슨 일이 있어도 성사시키리라는 ~~으리라는/리라는~~ 자세로 임하고 있습니다.

2) 가: 6개월 전에 행방불명된 옆집 아들이 아직도 안 돌아왔다면서요?
   나: 그러게 말이에요. 그 집 부모는 아직도 ______________ 으리라는/리라는 믿음으로 사시던데.

3) 가: 루마니아에서 열린 세계 체조 선수권 대회 보셨어요?
   나: 네, ______________ 으리라는/리라는 기대는 전혀 하지 않았는데 박연아 선수 정말 대단하던데요.

4) 가: 우리 회사 사장님은 정말 대단하지 않아요? 말단 영업 사원에서 그 자리에까지 오르다니.
   나: 제가 듣기로 사장님은 ______________ 으리라는/리라는 신념을 가지고 살았대요.

5) 가: 경제적인 보상도 받지 못하는데 환경운동을 열심히 하는 이유가 뭐예요?
   나: 작은 노력이지만 ______________ 으리라는/리라는 일념으로 환경운동을 하고 있어요.

6) 가: 김 선생님, 선생님께서는 근무환경이 좋은 도시 학교에서 가르치실 기회도 많으셨을 텐데 굳이 이 외딴 섬의 학교를 20년 동안 지켜 오신 특별한 사연이라도 있으십니까?
   나: 뭐 대단한 사연은 없고 단지 교육의 사각지대에 놓여 있는 아이들에게 ______________ 으리라는/리라는 마음으로 가르치다 보니 어느새 20년 지났네요.

3과 2항

어휘

1. [보기]에서 알맞은 단어를 골라 빈 칸에 쓰십시오.

[보기] 정　여건　고정관념　불문하다　심사숙고하다　납득이 가다

1) 네가 (정) 대학을 안 가겠다면 말리지는 않겠지만 신중하게 생각해서 결정해라.

2) 좌담회 때는 상대방이 (　　　　　　　　)도록 논리적으로 주장을 펴야 한다.

3) 뜨개질하는 친구 남편을 보고 남성에 대한 (　　　　　　　　)이/가 완전히 깨졌다.

4) 경제적인 (　　　　　　　　)만 허락된다면 계속 한국에서 살고 싶어요.

5) 청바지는 남녀노소를 (　　　　　　　　)고 누구나 즐겨 입는 옷이다.

6) 한 번 결정을 내리면 번복이 불가능하므로 모두들 (　　　　　　　　)어서/아서/여서 선택하시기 바랍니다.

2. [보기]에서 알맞은 것을 골라 단어를 만든 후 문장을 만드십시오.

[보기] 남자　여자　남성　여성　양성　남녀　성

1) ______답다 : 남자답다　여자답다
자신의 의견이 없고 언제나 끌려 다니는 남자는 남자답지 못하다.

2) ______적이다 : ______ ______
______

3) ______성 : ______ ______ ______
______

4) ________차별 : ____________ ____________

____

5) ________평등 : ____________ ____________

____

문법

아무리 -기로서니

3. 다음을 읽고 '아무리 -기로서니'를 사용해서 문장을 만드십시오.

초등학생이 게임을 하고 싶어 부모의 지갑에 손을 댄 사건이 발생했다.

1) 아무리 게임을 하고 싶기로서니 부모의 돈까지 훔쳐서 게임을 하면 되겠어요?

사랑에 빠진 남녀는 공공장소에서도 과감한 애정표현을 서슴지 않는다.

2) ....

아이가 말을 듣지 않는다고 어린이집 교사가 아이를 때린 사건이 발생했다.

3) ....

분유 살 돈이 없는 부부가 편의점을 터는 일이 발생했다.

4) ....

사회에 불만을 가진 사람이 익명의 다수를 대상으로 범행을 저지르는 일이 종종 일어난다.

5) ....

유럽 축구 선수권대회에서 팀의 성적이 부진하다며 경기 중에 구단이 감독을 경질하는 일이 있었다.

6) ....

4. '아무리 -기로서니'를 사용해서 다음 대화를 완성하십시오.

1) 가: 어제 뉴스를 보니까 40대 가장이 생활고를 비관해서 투신자살을 했대요.
   나: 아무리 생활이 힘들기로서니 ~~기로서니~~ 자식을 두고 어떻게 자살을 해요?

2) 가: 미안해, 내가 요즘 눈코 뜰 새 없이 바빠서 연락을 못했어.
   나: 아무리 ______________ 기로서니 ______________

3) 가: 하도 스트레스가 쌓이길래 한 달 생활비를 몽땅 털어 쇼핑을 했어요.
   나: 아무리 ______________ 기로서니 ______________

4) 가: 사사건건 트집을 잡는 김 부장 때문에 사표를 낼까 생각 중이에요.
   나: 아무리 ______________ 기로서니 ______________

5) 가: 주로 빈곤층 아동에게 지급되는 급식비가 정부의 예산 부족으로 내년부터는 대폭 줄어들 예정이래요.
   나: 아무리 ______________ 기로서니 ______________

6) 가: 옛날 로마시대에는 왕비가 황제의 불륜을 보고도 눈감아 주는 경우가 있었대요.
   나: 왜요?
   가: 왕은 최고의 권력자이기 때문에 약점을 최대한 감싸주려고 했던 거죠.
   나: 아무리 ______________ 기로서니 ______________

-은/ㄴ 끝에

5. 다음을 연결하고 '-은/ㄴ 끝에'를 사용해서 문장을 만드십시오.

1) 명수는 죽기 살기로 공부했다 •	• 여주인공의 배역을 따낼 수 있었다
2) 영업사원은 거래처 사장을 끈질기게 설득했다 •	• 항암치료제 개발에 성공했다
3) 경찰이 목격자의 제보를 토대로 용의자 이 씨를 추궁했다 •	• 세계 최고의 요리사가 되었다
4) 영화 '자연인' 오디션에서 김미영은 혼신의 힘을 다해 연기했다 •	• 제품 매매 계약을 성사시켰다
5) 요리 연구가 한영선 씨는 10년 동안 연구실에 틀어박혀 새로운 요리 개발에 전념했다 •	• 범행 사실을 모두 자백 받았다
6) 국제암센터 연구팀은 3년 넘게 암 연구와 신약 개발에 몰두했다 •	• 전액 장학금을 받고 대학원에 입학할 수 있었다

1) 명수는 죽기 살기로 공부한 끝에 전액 장학금을 받고 대학원에 입학할 수 있었다.

2) ....

3) ....

4) ....

5) ....

6) ....

6. '-은/ㄴ 끝에'를 사용해서 다음 대화를 완성하십시오.

1) 가: 달아난 소매치기범은 잡았대요?
나: 네, 경찰관과 시민들이 세 시간 동안 추격한 ~~은/ㄴ~~ 끝에 범인을 검거했대요.

2) 가: 이번 장애인 올림픽 보셨어요? 선수들이 정말 대단하던데요.
나: ....은/ㄴ 끝에 메달을 딴 선수들을 보면서 저도 가슴이 뭉클했어요.

3) 가: 주민들의 의견이 분분해서 도로 확장 계획이 무산될 줄 알았는데 승인이 나서 다행이에요.
나: ....은/ㄴ 끝에 승인을 받을 수 있었어요.

4) 가: 차기 방송국 사장 후보 결정이 난항을 겪었다지요?
나: 네, ...은/ㄴ 끝에 최종 투표에서 재적 과반수의 표를 얻은 김연주 씨가 후보로 임명됐어요.

5) 가: 매스컴에 얼굴을 안 내밀기로 유명한 김지인 씨를 어떻게 인터뷰할 수 있었어요?
나: 담당 기자가 끊임없이 전화를 하면서 ....은/ㄴ 끝에 단독 인터뷰를 이끌어 냈어요.

6) 가: 그동안 몇 달을 끌던 차기 신제품 생산에 대한 논의가 어떻게 오늘 하루 만에 결정이 난 거지요?
나: ....은/ㄴ 끝에 내린 결정이니 만큼 모두들 후회는 없을 것 같아요.

3과 3항

읽고 말하기

1. 다음 글을 읽고 질문에 답하십시오.

'바깥일은 남편의 영역이고, 가사는 주부의 영역'이라는 관념은 우리의 전통적인 가족관에서 당연한 것으로 받아들여졌다. 그러나 이러한 관점은 오늘날 빠른 속도로 힘을 잃어 가고 있다.

많은 미래학자들도 미래사회는 여성(Female), 가상(Fiction), 감성(Feeling)의 「3F시대」가 될 것이라고 한다. 즉 다시 말하면, 미래사회는 꼼꼼함과 세심함이 귀한 능력으로 부각되는 시대이기 때문에 남성보다는 여성 중심의 사회가 될 것이고, 창의적인 발상과 톡톡 튀는 아이디어를 전제로 하는 가상이 미래의 신개념이 될 것이다. 그리고 자신의 감정을 잘 이해하는 동시에 다른 사람의 감정이나 기분까지 조절하며 그들을 공감시킬 수 있는 감성을 가진 사람이 미래사회의 주역이 된다는 것이다. 물론 변화무쌍하게 펼쳐질 미래사회를 이 세 단어로만 정의할 수는 없겠지만 앞으로의 세기가 남성보다는 여성에게 더 적합하고 유리한 시대가 될 것이라는 데 이견을 제시할 사람은 드물다.

그러므로 미래사회는 '체력이 국력'이라는 남성적 개념이 아니라 무에서 유를 창조할 수 있는 '뇌력(腦力)과 지력(知力)이 국력'이라는 여성적 개념의 시대가 될 것이다. 나아가 미래사회는 남녀차별, 인종차별 등 인위적 장벽이 모두 사라진 열린 사회, 수평적 사회, 창의성과 다양성이 위력을 갖는 사회, 첨단 기술이 중시되는 사회가 될 것이다.

이러한 상황에서 국가나 기업이 살아남기 위해서는 무엇보다도 여성 특유의 섬세함과 부드러움, 그리고 남다른 개성과 지적 능력을 최대한 활용해야만 한다. 더구나 이러한 환경변화로 인해 "남성의 지배 질서로부터 여성이 전면 부상할 것"이라는 게 미래학자들의 대체적인 예측이다.

한편 사회적으로 여성의 역할이 확대됨에 따라 부부 사이의 가사분담이 보편화될 뿐 아니라 부부가 집에서 하는 일의 경계도 많이 없어질 것이다. 남녀 간의 직업에 대한 구별도 무너지고 가정보다는 직장에서 성취감을 느끼는 여성도 증가할 것이다. 자연스럽게 여성의 사회적 지위가 상승하고 가정에서도 여성의 목소리가 커지게 될 것이다.

이제는 '여성'이다. 세상의 절반인 그들이 제 목소리를 내고 있다. 우리는 이미 잘 키운 딸 하나가 열 아들보다 훨씬 나은 시대에 살고 있는지도 모르겠다.

1) 위 글의 제목을 붙인다면 무엇이 좋을까요? (　　　)

❶ 미래사회에서 여성과 남성의 직업의 변화

❷ 미래사회에서 여성과 남성의 역할의 변화

❸ 미래사회에서 여성의 중요성과 역할 변화

❹ 미래사회에서 여성의 지위 상승

2) 위 글의 내용과 같으면 ○, 다르면 ×하십시오.

❶ 미래사회에서는 창의력과 지적 능력이 중요하다. (　　　)

❷ 미래사회에서는 가정과 직장에서 동시에 성취감을 느끼는 여성이 많아질 것이다. (　　　)

3) 현대 사회와 미래사회에서의 남성과 여성을 비교해서 이야기해 봅시다.

듣고 쓰기

CD: 03

1. 다음 대화를 듣고 질문에 답하십시오.

1) 두 사람은 무엇에 대해 이야기하고 있습니까? (　　　)

❶ 여성과 남성의 역할

❷ 여성과 남성의 차이

❸ 바람직한 성역할의 의미

❹ 바람직한 성역할의 확립

2) 여성특별위원회가 발표한 내용이 **아닌** 것을 고르십시오. (　　　)

❶ 미디어는 성역할 고정관념에 제한되지 않는 다양한 여성상을 제시해야 한다.

❷ 여성의 신체와 성을 상품화하지 않아야 한다.

❸ 여성과 남성의 차이를 인정해 준다.

❹ 이야기 전개에 불필요하게 여성에 대한 폭력을 제시하지 않아야 한다.

3) 여러분이 남성으로서 또는 여성으로서 성차별이 없는 사회를 구현할 수 있는 방안을 제안하는 글을 써 봅시다.

관용어 1

1. 발 벗고 나서다

적극적으로 일을 한다는 의미

- 김 부장은 자신이 옳다고 생각하면 남의 일에도 항상 발 벗고 나선다.

2. 뒤끝이 없다

좋지 않은 감정을 남기지 않는다는 의미

- 우리 사장님은 화가 나면 바로 표현을 하지만 뒤끝이 없어서 인기가 많다.

3. 내 코가 석자다

내 사정이 급해서 남을 돌볼 여유가 없다는 의미

- 지금 취업이 안 돼서 내 코가 석자니 네 문제는 네가 해결해라.

4. 난다 긴다 하다

재주나 능력이 남보다 뛰어나다는 의미

- 이번 경시대회에는 각 학교에서 난다 긴다 하는 아이들이 다 나왔다더라.

5. 날개 돋친 듯이 팔리다

물건 등이 빠른 속도로 팔림을 비유적으로 표현하는 말

- 이번에 내놓은 신상품은 날개 돋친 듯이 팔려 나갔다.

6. 꼬리를 물다

생각이나 사건 등이 연이어 나타난다는 의미

- 잠자리에 누워서도 여러 생각들이 꼬리에 꼬리를 물고 떠올라서 잠을 이루지 못했다.

7. 눈독을 들이다

가지고 싶어서 마음에 둔다는 의미

- 고양이가 밥상 위에 놓인 생선에 눈독을 들이고 있다.

8. 트집을 잡다

조그만 흠집을 들추어내거나 없는 흠집을 만들어 낸다는 의미

- 내가 별로 잘못한 것도 없는데 부장님이 사사건건 트집을 잡는 걸 보니 뭔가 기분 나쁜 일이 있으신가 보다.

9. 발 등에 불이 떨어지다

일이 매우 절박하게 닥쳤다는 의미

- 저는 늘 발등에 불이 떨어져야 일을 시작하는 습관이 있어요.

10. 베일에 가리다

어떤 것이 비밀스럽게 가려져 있다는 의미

- 그 여배우의 사생활은 철저히 베일에 가려져 있다.

관용어 연습 1

다음을 읽고 알맞은 관용어를 넣어 대화를 완성하십시오.

1. 가: 미선 씨는 내가 마음에 안 드나 봐요.
나: 왜요?
가: 내가 하는 일마다 ______________ 어서/아서/여서 잔소리를 하니 정말 힘들어요.

2. 가: 요즘 잘 팔리는 책이 뭐예요?
나: 재테크에 관한 책이 나왔는데 ______________ 고 있어요.

3. 가: 너 ______________ 는/은/ㄴ 모양이구나. 밤을 새워서 보고서 쓰는 걸 보니.
나: 응, 내일까지 내지 않으면 성적을 받을 수 없거든.

4. 가: 경기 북부 지역에 홍수로 피해를 입은 지역이 많아졌다면서요?
나: 네, 그래서 저희 학생회에서도 ______________ 어서/아서/여서 그분들을 돕기로 했어요.

5. 가: 도저히 혼자서는 할 수 없는데 지금 좀 도와 줄 수 있어?
나: 미안해. ______________ 이야/야. 나도 할 일이 산더미야.

6. 가: 이번에도 기계 조립 분야에서 김영수 씨가 우승을 하겠지?
나: 글쎄요, 결과가 나와 봐야겠지만 그 분야에서 ______________ 는/은/ㄴ 사람들이 다 참가해서 쉽지는 않을 거예요.

7. 가: 김 선생님은 어떤 분이세요?
나: 아주 직선적인 분이지만 ______________ 어서/아서/여서 저는 더 좋아해요.

8. 가: 이번 유괴 사건의 범인은 찾았나요?
나: 아니요, 사건을 파헤치면 파헤칠수록 의문점이 ______________ 고 생기는 바람에 아직까지 오리무중이에요.

9. 가: 언니가 새로 산 구두 정말 예쁘다. 내가 찾던 바로 그 디자인이야.
나: ______________ 지 마. 절대로 안 빌려 줄 테니까.

10. 가: 이번 뇌물수수 사건의 전모가 꼭 밝혀졌으면 좋겠어요.
나: 워낙 배후 세력이 ______________ 어서/아서/여서 밝혀내기가 쉽지 않을 거예요.

제4과 바른 선택

4과 1항

어휘

1. [보기]에서 알맞은 단어를 골라 빈 칸에 쓰십시오

[보기]	소속	보급	성향	인력	학벌
	비정규직	공공 주택	민생 문제	선거 유세	
	얽매이다	전개되다	본질적이다	보수적이다	

1) 이번 토론에서는 정치적 (성향)이/~~가~~ 강하게 드러나는 의견은 자제하도록 합시다.

2) 문화체육관광부 ( ) 공무원들은 서울 광장에서 매주 문화콘서트를 여는 게 어떠냐고 시장에게 건의했다.

3) ○○당은 전통적 체제를 중시하고 개혁을 꺼리는 ( )는/은/ㄴ 당이다.

4) 지난번 회의에서는 저출산 문제를 해결하기 위한 논의가 ( )었으나/았으나/였으나 뚜렷한 해결책은 내 놓지 못했다.

5) 무주택자에게 무상으로 공공주택을 ( )하겠다는 것은 현실적으로 지켜지기 어려운 공약이다.

6) 공적인 일을 할 때에는 사사로운 인정에 ( )지 않아야 한다.

7) 성공을 위한 가장 중요한 조건은 재능이나 ( ), 운이 아니라 바로 노력이다.

8) 홍수가 날 때마다 주민을 대피시키고 제방을 쌓는 등 미봉책만 쓸 것이 아니라 ( )는/은/ㄴ 대응책이 필요하다.

9) 공정거래위원회는 이번 주부터 많은 ( )을/를 투입해 전국 30여 개 지역 200여 개 주유소의 석유제품 가격 담합 혐의를 조사하고 있다.

10) 내년 정부 예산에는 ( )을/를 정규직으로 전환할 때 지급하는 지원금이 전혀 반영되지 않았다.

11) 진보 정당 국회의원 후보는 ( ) 내내 "반세기 넘게 곪아온 부패정치를 청산하고 정치의 중심을 관료에서 국민으로 바꾸겠다"며 유권자들의 마음을 사로잡았다.

12) 물가 상승이나 세금 부과와 같은 (   )에 민감한 일반 국민의 입장에서는 정치적인 논쟁만을 일삼는 국회의원이 못마땅할 수밖에 없다.

13) 국토해양부는 건설 경기 악화로 인한 주택부족 문제를 보완하기 위해 (   ) 3만 가구를 추가 건설하기로 했다.

2. 밑줄 친 단어가 **잘못** 쓰인 것을 고르십시오.

1) (❹)

❶ 이 법의 존속 여부는 국민들의 **투표 결과**에 따라 결정된다.
❷ 선거를 할 때는 **투표용지**에 자신의 의사를 표시하여 주십시오.
❸ 그들은 새로운 대표자를 뽑기 위해 후보를 추천하고 **투표**를 실시했다.
❹ 국민 여러분께서는 이번 선거에 소중한 한 표를 빠짐없이 **투표하십시오.**

2) (   )

❶ 국회의원에 **출마하기** 위해서는 반드시 당의 공천을 받아야 합니다.
❷ 이번에 선출된 국회의장은 지방 선거에 **출마하여** 낙선한 적이 있답니다.
❸ 영희 엄마는 이번 학부모 회장 선거에 **출마하기** 위해 사전 준비를 철저히 했다.
❹ 그는 앞에 놓인 연단에 당당하게 **출마해** 자신의 성공 사례를 이야기하기 시작했다.

3) (   )

❶ 여당의 많은 사람들은 진보성향의 젊은 후보자를 적극 **지지했다.**
❷ 힘들고 어려울 때 가난한 사람을 **지지해** 주는 것은 좋은 일이다.
❸ 여성 단체들은 출산 장려금 지급 정책을 **지지하는** 성명을 발표했다.
❹ 이번 선거에서 뽑힌 당선자는 자신을 **지지해** 준 사람들에게 고마움을 표했다.

4) (   )

❶ 영수는 대기업에 취직해서 해외 유학을 **기권하기로** 했다.
❷ 투표에 참가한 185명 가운데 129명이 찬성, 54명이 반대, 2명은 **기권했다.**
❸ 이번 선거는 향후 4년의 국정운영이 걸려 있는 선거이니 만큼 한 분도 **기권해서는** 안 됩니다.
❹ 지난번 시합에서 우리 팀은 준결승까지 올라갔지만 주전 선수의 부상으로 시합을 **기권할** 수밖에 없었다.

5) (   )

❶ 야당 후보가 국회의장에 **선출되어** 화제다.
❷ 신춘문예에 **선출된** 소설이 단행본으로 나왔어요.
❸ 이사회에서 평사원이 파격적으로 영업 이사로 **선출되었다.**
❹ 성적은 조금 떨어지지만 성실한 학생이 학급 반장으로 **선출되기**를 모두가 원했다.

6) (　　　)

❶ 대형매장에서는 판촉 **후원자들이** 고객들의 제품 선택이 용이하도록 돕고 있다.

❷ 전국 사회 복지 시설들이 경기 침체로 인한 **후원자** 감소로 썰렁한 추석명절을 맞고 있다.

❸ 박영수 회장은 이웃돕기 사업을 통해 저소득층의 **후원자** 역할을 지속적으로 해 오고 있다.

❹ 친구는 나에게 자신이 든든한 **후원자가** 될 테니까 소신을 갖고 과감하게 사업을 시작하라고 했다.

문법

-는다뿐이지/ㄴ다뿐이지/다뿐이지

3. 다음을 읽고 '-는다뿐이지/ㄴ다뿐이지/다뿐이지'를 사용해서 문장을 만드십시오.

1) 병원의 규모는 작다. 하지만 의사들의 수준이나 의료시설은 대형병원 못지않다.

병원의 규모는 작다뿐이지 의사들의 수준이나 의료시설은 대형병원 못지않다.

2) 우리 동네 가전제품 수리 센터에서 일하시는 김영수 씨는 대학교를 졸업하지 않았다. 하지만 영수 씨 손에만 들어가면 못 고치는 게 없다.

....

....

3) 최민호 씨는 기능 올림픽에서 메달을 따지 못했다. 하지만 그가 만든 귀금속 공예품은 고객으로부터 최고라는 찬사를 받고 있다.

....

....

4) 침팬지는 인간에 비해서 듣고 반응하는 속도가 느리다. 그러나 인간의 행동을 이해하고 모방하는 능력은 뛰어나다.

....

5) 대통령이 바뀌고 새 정부가 출범했다. 그러나 서민들의 민생 문제를 해결하기 위한 정책에는 거의 변화가 없다.

....

6) 이번 총선에서는 지난 선거에 비해 젊은 층의 투표 참여율이 높아졌다. 하지만 전체 국민의 투표 참여율은 여전히 50%를 넘지 못했다.

....

....

4. '-는다뿐이지/ㄴ다뿐이지/다뿐이지'를 사용해서 다음 대화를 완성하십시오.

1) 가: 영희 씨, 회사를 옮기셨다면서요? 해외 진출을 처음 시도하는 회사라서 업무 부담이 클 텐데요.

나: 일이 많다뿐이지~~는다뿐이지/ㄴ다뿐이지/다뿐이지~~ 근무 환경이나 복지 혜택 등은 지난번 회사보다 더 좋아요.

2) 가: 어제 늦게까지 야근하시더니 오늘 일하는 데 지장 없겠어요?

나: 그럼요, ... 는다뿐이지/ㄴ다뿐이지/다뿐이지 일하는 데는 문제 없어요.

3) 가: 이번 정부지원 장학생은 지원자가 많아서 선발되기가 어렵다고 하던데 사실이에요?

나: 아니에요, ... 는다뿐이지/ㄴ다뿐이지/다뿐이지 성실하게 공부해 온 학생은 뽑힐 가능성이 높대요.

4) 가: 새로 선출된 시장의 공약이 대단하던데.

나: .... 는다뿐이지/ㄴ다뿐이지/다뿐이지 실현 가능성은 없어 보여.

5) 가: 김 선생님, 아무 말씀도 안 하시는 걸 보니 이번 안건에 찬성하시나 봐요.

나: .... 는다뿐이지/ㄴ다뿐이지/다뿐이지 전적으로 찬성하는 건 아니에요.

6) 가: 이번에도 영국 출신의 화학자들 중에서 노벨화학상 수상자가 나왔다지요? 우리나라는 왜 아직 그런 상을 받지 못할까요?

나: .... 는다뿐이지/ㄴ다뿐이지/다뿐이지 그에 버금가는 성과를 이룬 화학자도 많아요.

-을/ㄹ 법하다

5. 다음을 연결하고 '-을/ㄹ 법하다'를 사용해서 문장을 완성하십시오.

1) 매끼 똑같은 걸 먹는다	지겹다	개봉한 지 한 달이 지나도 관객의 발길이 뜸하대요
2) 김 대리는 회의 때마다 늦는다	당황하다	친구는 오늘도 끈질기게 돈 얘기를 해요
3) 민수 씨는 기자들에게 예상치 못했던 질문을 받는다	미안해하다	한국의 산모들은 거의 매일 미역국을 먹는대
4) 영화 '경포대'는 20대에게 인기 있는 배우가 출연했다	포기하다	아직도 문화 충격을 느낄 때가 있고, 많은 게 생소하대요
5) 마이클 씨는 3년이나 외국 생활을 했다	흥행되다	그런 기색을 감추고 오히려 미소를 지었어요
6) 돈을 빌려달라는 부탁을 할 때마다 내가 거절했다	익숙해지다	매번 소란스럽게 들어와 자리에 앉더군요

1) 매끼 똑같은 걸 먹으면 지겨울 법도 한데 한국의 산모들은 거의 매일 미역국을 먹는대.

2) ______________________

3) ______________________

4) ______________________

5) ______________________

6) ______________________

6. '-을/ㄹ 법하다'를 사용해서 다음 대화를 완성하십시오.

1) 가: 김소희 씨는 음반 판매량에서도 1위를 차지했는데 이번에는 영화에도 출연한대.
   나: 가수로 성공했으니 만족할~~을/ㄹ~~ 법도 한데 영화까지 출연하는 걸 보면 참 욕심이 많은가 봐.

2) 가: 올림픽을 앞두고 국가대표 선수들은 30도가 넘는 날씨에도 훈련에 여념이 없어요.
   나: ______________________을/ㄹ 법도 한데 의지가 대단하네요.

3) 가: 부장님이 해외 출장을 갔다가 어제 늦게 도착하셨다고 들었는데 이렇게 일찍 나오셨네요.
   나: 그러게요. ______________________을/ㄹ 법도 하건만 원체 부지런하시잖아요.

4) 가: 국회의원 후보들은 유세장에 사람이 별로 없어도 몇 시간씩 연설을 해요.
   나: 정말이요? ______________________을/ㄹ 법도 한데 참 꿋꿋하네요.

5) 가: 올해 우리 회사 상반기 영업실적이 사상 최고라면서요?
   나: 네, 이럴 때는 ______________________을/ㄹ 법도 한데 아직 아무 얘기도 없어요.

6) 가: 동계 올림픽 유치가 결정된 후 사람들이 서로 부둥켜안고 좋아하는 걸 보니까 가슴이 뭉클하던데요.
   나: 온 시민이 4년여의 시간을 준비하고 기다려 왔으니 ______________________을/ㄹ 법도 하지요.

4과 2항

어휘

1. [보기]에서 알맞은 단어를 골라 빈 칸에 쓰십시오.

[보기]	개방	선의	포용	숙명	원리 원칙	이질화
	점진적	유도하다	험난하다	철저히	확연히	

1) 주차 문제를 해결하기 위해 주차장을 (개방)하는 학교나 주민 자치센터 등이 늘고 있다.

2) 김 사장은 최선을 다했지만 파산을 막지 못하자 모든 것을 ( )으로/로 받아들이고 마음을 정리했다.

3) 우리 팀장은 팀원의 실수까지도 경험이라 하면서 너그럽게 ( )할 줄 아는 사람이다.

4) 영수 씨의 거친 손에는 그가 얼마나 고생스럽고 ( )는/은/ㄴ 인생을 살아왔는지가 고스란히 담겨 있는 것 같다.

5) 자선행사에 많은 시민들의 참여를 ( )기 위해 유명 연예인이 앞장을 섰다.

6) 저는 여러분의 입장을 생각해서 ( )으로/로 한 말인데, 마음이 상하셨다면 용서해 주시기 바랍니다.

7) 북핵 문제가 본격적으로 논의되면서 대북 정책에 대한 정당 간의 의견 차이가 ( ) 드러났다.

8) 지나치게 고지식하고 완벽을 추구하면 융통성이 없이 ( )만 내세우는 사람이라고 비난받기 쉽다.

9) 고위공직자는 ( ) 검증을 마친 후에 결격사유가 없다고 인정되면 임명된다.

10) 가스공사는 시설 투자비용을 회수하기 위해 2012년까지 ( )으로/로 가스요금을 30원 정도 인상할 계획이다.

11) 새터민의 61.4%가 남쪽에서 살면서 언어생활에 어려움을 느낀다고 하는 것을 보면 남북 간 언어 ( ) 현상이 얼마나 심각한지를 알 수 있다.

2. 다음 단어를 사용해서 문장을 만드십시오.

안정　　번영　　협력하다

1) 남한과 북한은 한반도의 안정과 번영을 위해 서로 협력해야 한다.

이질화　　점진적　　극복하다

2) ....

통일 비용　　원리 원칙　　퍼주다

3) ....

민간 주도　　교류　　정착되다

4) ....

정부 주도　　무역 개방　　협력하다

5) ....

부작용　　분단　　유도하다

6) ....

문법

-는 가운데

3. 다음 [보기]에서 알맞은 것을 골라 문장을 완성하십시오.

[보기]
- 승진 대상자 명단이 발표되었다
- 야구 경기가 계속되었다
- 논란은 계속 증폭되어가고 있다
- 중앙 선거관리위원회의 개표가 시작되었다
- 하반기 경제에 부담을 줄 만한 복병들이 여기저기에서 터져 나오고 있다
- 중앙은행은 정부를 대신해 민간 기업에 자금을 지원하기로 했다

1) 잠실구장에서는 비가 내리는 가운데 야구 경기가 계속되었다.

2) 모든 직원들이 초조하게 기다리는 가운데 ……………………

3) 국민들이 선거 결과를 지켜보는 가운데 ……………………

4) 기업들의 국내외 투자가 늘고 있는 가운데 ……………………

5) 정부의 재정수지가 악화되고 있는 가운데 ……………………

6) 표절 시비에 휩싸인 당사자가 침묵하는 가운데 ……………………

4. '-는 가운데'를 사용해서 다음 대화를 완성하십시오.

1) 가: 이제 슬슬 마무리 합시다.
   나: 그래요? 웃고 즐기는 가운데 벌써 마칠 시간이 됐군요.

2) 가: 이번 세계 골프 대회는 사실상 한국 선수들끼리의 경쟁이었다지요.
   나: 네, ____________________는 가운데 신지혜 선수가 우승을 했어요.

3) 가: 지난 주말에 야외공연장에서 열린 락 콘서트는 대단했다더라.
   나: 그래. ____________________는 가운데도 관객들이 한 명도 자리를 뜨지 않았어요.

4) 가: 지난번에 대학 입시제도 개선을 위한 공청회가 열렸다면서요?
   나: 네, ____________________는 가운데 다양한 의견들이 오갔어요.

5) 가: 국회에서의 대정부 질의는 잘 되었나요?
   나: 아니에요, ____________________는 가운데 결국 무기한 연기되었어요.

6) 가: 이번 홍수로 인한 산간 지역의 구조 작업은 어떻게 되어가고 있나요?
   나: ____________________는 가운데도 인명구조 작업은 계속되고 있습니다.

-을/ㄹ 테지만

5. 다음을 연결하고 '-을/ㄹ 테지만'을 사용해서 문장을 만드십시오.

1) 지금은 내 충고를 받아들이기 힘들 거예요 •	• 결국에는 보람을 찾을 수 있을 겁니다
2) 다들 자기의 입장이 있을 거예요 •	• 지금은 한 목소리를 내야 할 때입니다
3) 학점을 받기 위해 하는 봉사활동이라서 내키지 않을 거예요 •	• 저희도 상당한 손실을 감수해야 해요
4) 그쪽도 손해가 많을 거예요 •	• 언젠가는 제 진심을 알아주시겠지요
5) 다들 심적으로는 지영 씨 말에 수긍이 갈 거예요 •	• 드러내놓고 찬성하는 사람은 없을 거예요
6) 지금은 저를 이해 못할 거야 •	• 나중에는 내말 듣기 잘했다 싶을 거야

1) 지금은 내 충고를 받아들이기 힘들 테지만 나중에는 내말 듣기 잘했다 싶을 거야.

2) ……………………………………………

3) ……………………………………………

4) ……………………………………………

5) ……………………………………………

6) ……………………………………………

6. '-을/ㄹ 테지만'을 사용해서 다음 대화를 완성하십시오.

1) 가: 선생님, 지금 답안지 내도 돼요?
나: 다 잘 풀었을~~을/ㄹ~~ 테지만 다시 한 번 확인해 보고 내세요.

2) 가: 전 그 일에 대해서는 아무 말도 하고 싶지 않아요. 기억하기도 싫은 사건이에요.
나: ________________ 을/ㄹ 테지만 그때 상황을 다시 한 번 말씀해 주셨으면 합니다.

3) 가: 부장님은 항상 너무 직설적으로 말씀하시는 경향이 있어.
나: ________________ 을/ㄹ 테지만 나중에 생각해 보면 맞는 부분도 있을 걸요.

4) 가: 초등학교 영어 수업에 관한 찬반 토론이 한창이던데요.
나: ________________ 을/ㄹ 테지만 저는 현실적으로 시기가 조금 이르다고 생각해요.

5) 가: 어제 늦게까지 야근을 했더니 몸이 축 처지네요.
나: ________________ 을/ㄹ 테지만 오늘 하루만 지나면 주말이니까 힘을 냅시다.

6) 가: 그 얘기 좀 그만 하고 다녀. 별로 좋은 얘기도 아닌데.
나: ________________ 을/ㄹ 테지만 모두가 알아야 결정을 할 수 있잖아.

4과 3항

읽고 쓰기

1. 다음 표를 읽고 질문에 답하십시오.

구분	항목	내용
정착금	기본금	입국자 모두에게 1,000만 원 기본금 지급
	장려금	국내 직업훈련, 자격증 취득, 장기취업자의 경우 최대 1,540만 원의 장려금 지원
	가산금	노령, 장애, 장기 질병 등의 사유가 있는 경우 최대 1,540만 원의 가산금 지원
주거	주택알선	임대 아파트 알선
	주거지원금	1,000만 원 지원금 지원
취업	직업훈련	무료 직업훈련을 실시하며, 훈련수당 지급
	고용지원금	새터민을 채용한 사업장에서 지급한 급여의 1/2을 24개월간 정부가 지원
	취업보호담당관	전국 46개 고용안정센터에 취업보호담당관을 지정, 취업상담 · 알선 역할 담당
사회복지	생계급여	국민기초생활보장 수급권자로서 일반국민과 동일한 수준의 생계급여 지원(34만 원)
	의료보호	의료비 지원 (의료보호 1종 수급권자 전액 무료)
교육	대학 특례 입학	진학 희망자의 경우 특례로 대학 입학
	등록금 지원	중 · 고등학교 및 대학교 등록금 지원
정착도우미	새터민 1세대당 2명의 민간정착도우미를 지정, 초기 정착생활 지원	
자격 인정	북한에서 취득한 자격증의 전부 또는 일부 인정	

1) 이 표의 제목으로 가장 적당한 것을 고르십시오. (　　　　)

❶ 새터민(북한 이탈 주민) 생활지원 내용

❷ 새터민(북한 이탈 주민) 정착지원 내용

❸ 새터민(북한 이탈 주민) 취업지원 내용

❹ 새터민(북한 이탈 주민) 교육지원 내용

2) 맞으면 ○, 틀리면 × 하십시오.

❶ 새터민에게 지원하는 의료비는 전액 무료이다. ( )

❷ 새터민이 북한에서 취득한 자격증은 모두 인정이 된다. ( )

❸ 새터민이 대학에 입학하고자 하면 대학 특례입학을 할 수 있다. ( )

❹ 새터민을 위한 고용지원금으로 새터민을 채용한 사업장에서 지급한 급여의 1/2을 정부가 2년간 지원한다. ( )

3) 여러분은 새터민을 위해서 위의 내용 외에도 무엇이 더 필요하다고 생각합니까? 쓰십시오.

듣고 말하기

CD: 04

2. 다음을 듣고 질문에 답하십시오.

1) 이들은 무엇에 관해 얘기하고 있습니까? ( )

❶ 선거 유세

❷ 선거 방법

❸ 선거 공약

❹ 선거 날짜

2) 맞으면 ○, 틀리면 × 하십시오.

❶ 대한당에서는 주요 질환에 대한 무료 검진을 실시하겠다. ( )

❷ 대한당에서는 서민 경제에 희망을 주기 위해 부동산 규제를 완화하겠다. ( )

❸ 민국당에서는 장애인의 의무고용을 확대 시행하겠다. ( )

❹ 민국당에서는 농어촌 교육환경을 개선하기 위해 외국대학을 유치하겠다. ( )

3) 여러분이 국회의원에 출마한다면 어떤 공약을 내 놓으시겠습니까? 이야기해 봅시다.

관용어 2

1. 사서 고생이다

고생하지 않아도 될 일을 자기가 만들어서 고생한다는 의미.

- 미선 씨, 지금 해야 하는 일도 부담이 클 텐데 담당도 아닌 일까지 맡아서 사서 고생할 필요는 없잖아요.

2. 불똥이 튀다

관계없는 사람에게 피해가 미친다는 의미.

- 임원급 이상만 구조조정을 한다더니 말단 직원인 우리에게까지 불똥이 튈 줄은 몰랐다.

3. 얼굴에 먹칠을 하다

체면이나 명예가 더럽혀지는 망신을 당했다는 의미.

- 얘들아, 제발 어디 가서 부모 얼굴에 먹칠하는 행동은 하지 마라.

4. 재미를 보다

어떤 일에서 성과를 올려 이익을 얻었다는 의미.

- 올해는 장사가 잘 돼서 재미 좀 봤다.

5. 죽이 맞다

두 사람이 서로 뜻이 맞는다는 의미.

- 일할 때도 놀 때처럼 죽이 잘 맞으면 일도 빨리 끝내고 결과도 좋을 텐데.

6. 싼 게 비지떡이다

값이 싼 만큼 좋지 않음을 비유적으로 표현하는 말.

- MP3가 다른 회사 제품보다 싸서 구입했는데 싼 게 비지떡이라고 금방 고장이 나고 말았어요.

7. 열을 올리다

무엇에 매우 열중하거나 열성을 보인다는 의미.

- 최근 자동차 업체들이 새로운 해외 시장 개척에 열을 올리고 있다.

8. 눈 밖에 나다

신임을 잃고 미움을 받는다는 의미.

- 그는 여러 번 약속을 지키지 않아 직장 상사의 눈 밖에 나고 말았다.

9. 코가 납작해지다

망신을 당해서 기가 죽었음을 의미.

- 자신만만해하던 과목에서 과락을 한 후 영수는 코가 납작해졌다.

10. 눈살을 찌푸리다

마음에 들지 않아서 양 미간을 찡그린다는 의미.

- 지하철에서의 지나친 애정 표현은 사람들의 눈살을 찌푸리게 한다.

관용어 연습 2

다음 대화를 읽고 알맞은 관용어를 넣어 대화를 완성하십시오.

1. 가: 네가 우리 ______________ 다니. 어떻게 그런 부끄러운 일을 저지를 수 있니?
나: 죄송해요. 제가 잠시 돈에 눈이 멀었나 봐요.

2. 가: 준비는 잘 돼 갑니까?
나: 잘 돼 가기는요. 두 사람이 ______________ 어야/아야/여야 일을 신나게 하지요. 서로 눈치만 살피느라 진행이 더뎌요.

3. 가: 지난 대회의 우승 팀이 이번 대회에서는 본선 진출도 못했다면서?
나: 그러게요. 준결승까지는 자신있다고 큰 소리 치더니 이번 대회 첫 출전 팀에게 0:1로 지면서 ______________ 어졌어/아졌어/여졌어.

4. 가: 식당에 손님이 많아요?
나: 네, 장사가 잘 돼서 톡톡히 ______________ 고 있어요.

5. 가: 공금을 유용한 사건으로 온 회사가 시끄럽다면서요?
나: 네, 이번 사건으로 누구에게 ______________ 을지/ㄹ지 몰라서 모두들 쉬쉬하고 있어요.

6. 가: 너네 집은 여유가 있으면서 왜 날마다 아르바이트를 하느라고 ______________?
나: 그게 뭐 내 돈이니? 우리 아버지 돈이지.

7. 가: 미선 씨가 좌담회에서 상대팀에게 반말로 이야기한 건 좀 심했던 것 같아.
나: 그래요. 좌담회를 본 사람은 모두 너무 무례한 행동이라면서 ______________ 었어요/았어요/였어요.

8. 가: 첫 출근이라 많이 떨리네요.
나: 무엇보다도 신입사원 때에는 선배들 ______________ 지 않도록 행동을 잘 해야 해.

9. 가: 지난번에 백화점에 갔다가 하도 싸서 가방을 하나 샀더니 벌써 고장이 났지 뭐야.
나: ______________ 이라고/라고 하나를 사더라도 제값을 주고 사는 게 나아.

10. 가: 요즘 미선 씨가 노래방에서 산다며?
나: 응, 이번 대회에서는 꼭 수상을 하겠다며 연습에 ______________ 고 있어.

제5과 스포츠

5과 1항

어휘

1. [보기]에서 알맞은 단어를 골라 빈 칸에 쓰십시오.

> **[보기]** 낱낱이　선천적　밑바탕　산물　가상　최적　티를 내다
> 재현하다　제패하다　안간힘을 쓰다　빙산의 일각　방지하다

1) 한글은 세종대왕의 애민 정신과 실용 정신의 (산물)이다.

2) 검찰은 이번 뇌물수수 사건에 연루된 사람들을 지위고하를 막론하고 철저히 조사해서 사건의 전말을 ( ) 밝히겠다고 했다.

3) 지진으로 붕괴된 건물 잔해 속에서 한 명의 생명이라도 더 구하기 위해 구조대원들은 ( )고 있다.

4) 지금까지 밝혀진 박 회장의 사기 행각은 ( )이라는 설이 돌고 있다.

5) 영수 씨가 평소에 전혀 ( )지 않아서 우리는 영수 씨가 그렇게 대단한 집안의 아들이라고는 꿈에도 생각 못했다.

6) 성실과 사랑을 ( )으로/로 모두가 신뢰할 수 있는 교육 기관이 되도록 노력하겠습니다.

7) 스노 체인은 빙판이 녹으며 생긴 물을 흡수해 타이어와 바닥 사이에 수막이 만들어지는 것을 ( )는/ㄴ다.

8) 국립민속박물관 야외전시장에 마련된 '추억의 거리'는 이발소와 다방, 만화방, 레코드 가게, 양장점, 사진관 등 60~70년대 풍경을 그대로 ( )어/아/여 놓았다.

9) 얼짱 태권도 국가대표 선수 박혜미는 이번 세계선수권 대회를 ( )는/은/ㄴ 뒤 올림픽에서도 시상대 맨 위에 서고 싶다는 포부를 밝혔다.

10) 언어 및 공간·방향 감각과 관련된 성별 간 차이는 후천적 요인보다 ( ) 요인이 결정짓는다.

11) 이용자가 리모컨을 쥐고 움직이면 화면 속 인물도 똑같이 움직여 ( )으로/로 스포츠를 즐길 수 있는 게임이 나와 화제가 되고 있다.

12) 제주도는 전형적인 가을 날씨로 국제 마라톤 경기가 열리기에 ( )의 장소이다.

2. [보기]에서 알맞은 단어를 골라 빈 칸에 쓰십시오

[보기]	통기성	체력	폐활량	기록 단축	심리 훈련	긴장 완화

1) 가: 운동선수들이 시합 전에 음악을 듣는 이유가 뭐예요?
   나: 운동선수들은 경기에 임하기 전에 (긴장 완화)~~을~~/를 위해 음악을 들어요.

2) 가: 땀을 많이 흘리는 아이들 옷으로는 어떤 재질을 사용하는 게 좋을까요?
   나: 땀이 쉽게 마를 수 있는 (   )이/가 좋은 감을 사용해야 좋아요.

3) 가: 사이클 선수인데 왜 달리기 훈련을 하세요?
   나: 달리기는 (   )을/를 늘리는 가장 쉽고 간단한 방법이에요.

4) 가: 다음 달에 있을 세계 수영선수권 대회에 출전하기 위해 박 선수는 어떻게 준비하고 있습니까?
   나: 저는 (   )을/를 위해서 그동안 여러 번 지적받아 왔던 영법을 보완하는 데 전력을 기울이고 있습니다.

5) 가: 선수도 아닌 네가 서울마라톤 대회에서 완주까지 했다니 대단하다.
   나: 결승점 5km를 앞두고는 (   )이/가 달려 힘들었지만 정신력 하나로 버텼어요.

6) 가: 올림픽 양궁 여자단체전에서 우리 선수들의 표정을 보셨어요? 관중석의 소란에도 동요하지 않고 연달아 화살을 10점 과녁에 명중시키던 모습이요.
   나: 그게 다 가상 훈련장을 만들어 놓고 담력을 키우는 (   )을/를 한 결과래요.

문법

-는/은/ㄴ 셈치고

3. 다음 글을 읽고 밑줄 친 부분을 '-는/은/ㄴ 셈치고'를 사용해서 다시 쓰십시오.

업무를 시작하기도 전에 보험 회사에 다니는 친구한테서 전화가 걸려왔다. 이번 달 실적이 좋지 않으니 1) **불쌍한 친구 한 번 살려준다고 생각하고** 보험 하나 들라는 것이다.

→ (불쌍한 친구 살려주는 셈치고)

이게 벌써 몇 번째야. 한참을 멍하니 있었다. "어떻게 해야 하지? 또 보험을 들면 아내에게는 뭐라고 하지?" 별의별 생각이 다 들었지만 2) **이번 한 번만 적선한다고 생각하고** 보험에 가입했다. → (　　　　　　　　　　　)

얼마나 지났을까? 점심을 먹으려고 일어서는데 김 대리가 오늘은 구내식당에서 먹지 말고 밖으로 나가자고 했다. 나는 좀 바쁘다고 했더니 3) **30분 운동한다고 생각하고** 조금만 걷자고 했다. → (　　　　　　　　　　　)

밥을 먹고 다시 걸어오면서 김 대리는 잠깐 서점에 들르자고 했다. 며칠 전에 나한테서 빌려간 책을 지하철에 놓고 내렸다면서. 하지만 그 책은 절판이 되어 더 이상 나오지 않는다고 했다. "중요한 책도 아닌데, 할 수 없지 뭐" 나는 그 책은 4) **잃어버렸다고 생각하고** 김 대리를 원망하지 않기로 했다. → (　　　　　　　　　　　)

조용하던 사무실이 갑자기 웅성거리기 시작했다. 곧 성사될 듯 싶었던 거래가 내 실수로 깨진 것이다. 나는 숨조차 쉴 수 없었다. 하지만 한참 동안 말이 없던 부장은 이번 일은 5) **비싼 수업료 냈다고 생각하고** 다음 일을 추진하자고 했다.

→(　　　　　　　　　　　)

힘없이 집에 도착하니 아내는 웃는 얼굴로 나를 맞아 주었다. 나는 아내에게 오늘 있었던 일들을 이야기했다. 그랬더니 아내는 오늘 하루 6) **인생 공부했다고 생각하고** 다 잊어버리라며 나를 안아 주었다. → (　　　　　　　　　　　)

4. '-는/은/ㄴ 셈치고'를 사용해서 다음 대화를 완성하십시오.

1) 가: 집에 도둑이 들어 값나가는 물건을 다 훔쳐 갔어.
   나: 아깝겠지만 다친 사람은 없으니까 액땜한 ~~는/은/ㄴ~~ 셈치고 잊어 버려. 돈이야 나중에 또 벌면 되지.

2) 가: 지난번 신세진 것도 있고 오늘은 내가 저녁 한 번 거하게 낼게.
   나: 우리 사이에 신세는 무슨 신세. ______________ 는/은/ㄴ 셈치고 차나 한잔 하자.

3) 가: 이번에 처음으로 주말 드라마에서 주인공 역을 맡으셨지요? 지금 기분이 어떠세요?
   나: 처음에는 늘 악역만 맡아서 싫었는데 ______________ 는/은/ㄴ 셈치고 열심히 했더니 제게도 이런 좋은 날이 오네요.

4) 가: 난 결혼할 마음도 없는데 엄마는 시도 때도 없이 선보라고 성화셔.
   나: 그게 뭐가 어렵니? ______________ 는/은/ㄴ 셈치고 나가서 만나 봐.

5) 가: 이번에 시집을 출간하셨다면서요? 시는 언제 쓰신 거예요?
   나: 대학 때 제가 공책에 끼적거리는 걸 본 지인이 출판을 하라고 조르는 바람에 ______________ 는/은/ㄴ 셈치고 시집을 내게 됐어요.

6) 가: 임대료가 비쌀 텐데 어떻게 명동에 가게를 열 생각을 하셨어요?
   나: 임대료가 비싸 ______________ 는/은/ㄴ 셈치고 매장을 열었어요.

-으련만/련만

5. '-으련만/련만'을 사용해서 다음 문장을 완성하십시오.

1) 얼굴이라도 보면 뭐라고 야단이라도 치련만~~으련만/련만~~ 바쁘다고 피하기만 하니 답답한 노릇이다.

2) 날씨만 좋으면 .... 으련만/련만 날이 흐려서 한 치 앞도 볼 수가 없네요.

3) 건강만 허락된다면 .... 으련만/련만 내 몸 하나 추스르기도 힘이 들어요.

4) 30분만 일찍 출발했으면 .... 으련만/련만 아무래도 회의장에 제시간에 가기는 틀린 것 같아요.

5) 부상만 당하지 않았으면 .... 으련만/련만 이제는 선수 생활도 접어야겠어요.

6) 대출이라도 받으면 .... 으련만/련만 지금 형편으로 사업은 꿈도 못 꿔요.

6. '-으련만/련만'을 사용해서 다음 대화를 완성하십시오.

1) 가: 민정 씨, 직장 생활은 어때요?

나: 그럭저럭 괜찮아요. 월급만 좀 더 오르면 참 좋으련만~~으련만/련만~~ 살기가 조금 빡빡해요.

2) 가: 고향을 떠나 온 지도 오래 된 거 같은데 연락은 자주 하는 편이에요?

나: ....으련만/련만 요즘은 하도 바빠서 고향 생각할 틈도 없어요.

3) 가: 입사 초년기 직장인들이 업무 의욕을 잃거나 매사에 무기력해지는 이른바 '직장인 사춘기'를 겪는 것으로 나타났대요.

나: ....련만/련만 혼자서 이겨내기는 쉽지 않을 거예요.

4) 가: 회사 사정이 좋지 않아서 해외 지사를 철수해야 한다면서요?

나: 지금으로서는 ....으련만/련만 은행 대출이 쉽지 않아 어떻게 될지 아직 모르겠어요.

5) 가: 주스가 탄산음료에 비해 건강에 좋다고 생각하고 사 먹는데 대부분 비만 유발식품이래요.

나: ....으련만/련만 눈앞의 이익에만 급급해서 그렇지요.

6) 가: 요즘 같은 불경기에는 뭐 해서 먹고 살아야 할지 정말 걱정이야.

나: 나도 그래. ....으련만/련만 돈이 없으니 장사할 엄두도 못 내.

5과 2항

어휘

1. [보기]에서 알맞은 단어를 골라 빈 칸에 쓰십시오

[보기]	기립박수	판독	성대하다	손꼽아 기다리다
	찬물을 끼얹다	편파적이다	대조적이다	승복하다

1) OECD(경제협력개발기구)에서 "한국이 가장 먼저 글로벌 경기 침체에서 탈출할 것"이라는 발표를 했는데 한국의 기획 재정부 장관은 "아직 우리 경제가 본격적인 회복세라고 장담하기는 이르다"며 (대조적인)~~는/은/ㄴ~~ 반응을 보였다.

2) 한국은 지난 올림픽 핸드볼 4강전에서 심판의 ( )는/은/ㄴ 판정으로 인해 결승 진출이 좌절됐다.

3) 평소 쉴 틈 없이 과중한 업무에 시달리다가 모처럼 자유를 만끽할 수 있기 때문에 직장인들은 1년 중 여름휴가를 ( )는/ㄴ다.

4) 선수들은 경기를 할 땐 최선을 다해야 하지만 경기가 끝나면 결과에 ( )을/ㄹ 줄 알아야 한다.

5) 우리에게 100일, 첫 돌, 회갑이라는 잔치가 있듯이 독일에서는 세상에 태어나서 처음으로 교회에서 세례를 받는 날, 특히 14세 전후에 받는 세례는 ( )는/은/ㄴ 축하 파티를 열어주고 아주 많은 축하선물을 준다고 한다.

6) 차기 올림픽 종목에서 야구를 제외하겠다는 국제 올림픽 위원회의 발표는 그동안 야구 중흥에 힘써오던 사람들의 노력에 ( )었다/았다/였다.

7) 잉글랜드 무대 첫 선발 출전이라는 부담감을 안고 뛴 이청용은 데뷔골을 넣은 후 ( ) 과/와 환호 속에 멋지게 전반전을 마쳤다.

8) 국립 암센터는 첨단 의료기기를 도입함으로써 1시간 걸리던 검사시간을 20분으로 단축하고 심장질환 진단과 ( )을/를 24시간 이내에 할 수 있도록 시스템을 구축했다.

2. 다음 글을 읽고 빈 칸에 공통으로 들어갈 단어를 [보기]에서 골라 쓰십시오.

[보기] 심판 개막식 순위 화합 공명정대하다 정정당당하다

1) • 한국야구위원회(KBO)는 올해부터 야구의 전문 지식과 기술, 국제적인 안목을 겸비한 (심판)을/를 지속적으로 양성하기 위해 교육과정 개설했다.
   • 제 아무리 숙련된 (심판)도 경기 중 선수의 교묘한 속임수 동작은 놓치기 쉽다.

2) • 4년마다 열리는 올림픽은 개최국의 문화를 전 세계에 알리는 성대한 (　　　　)과/와 함께 시작한다.
   • 지금 부산에서는 아시아 최대 영화 축제인 '부산국제영화제'의 (　　　　)을/를 하루 앞두고 막바지 준비에 한창이다.

3) • 지금 네가 결백하다면 다들 모인 자리에서 (　　　　)게 시시비비를 가리자.
   • 경기도 고양시에서 열린 '아시아클럽역도선수권대회' 개회식에서 사재혁 선수와 장미란 선수가 모든 역도 선수들을 대표해 (　　　　)게 경기에 임할 것을 선서했다.

4) • 전 임직원이 참여하는 봉사활동이 노사(　　　　)을/를 이끄는 촉진제 역할을 했다.
   • 개막식 제2부에서는 감독의 구상대로 전 세계의 평화와 (　　　　)을/를 노래하는 올림픽 정신을 상징적으로 보여주었다.

5) • 영국 옥스퍼드대에는 과학성, 합리성, 독창성, 편이성 등을 기준으로 세계 모든 문자의 (　　　　)을/를 매겨 진열해 놓은 적이 있는데 1위는 단연 한글이었다.
   • 어떤 선수는 금메달, 어떤 선수는 동메달, 어떤 선수는 아무런 성과도 내지 못했지만 (　　　　)에 상관없이 그들이 흘린 땀방울은 그 무엇과도 비교할 수 없다.

6) • 언론이 (　　　　)지 못하고 편파성을 띠게 되면 지켜보는 국민들은 정부의 정책에 대해 올바른 판단을 내릴 수 없다.
   • 올림픽에서 심판의 판정은 어느 나라 선수에게나 (　　　　)게 이루어져야 한다.

문법

-는/은/ㄴ 탓에

3. 다음 문장을 읽고 맞으면 O, 틀리면 X 하십시오.

1) 요즘은 날이 **춥고 건조한 탓에** 화재 사고가 빈번하게 발생하고 있어요. (O)

2) 우리 형은 자신의 주장이 모두 맞다고 바득바득 **우기는 탓에** 주변 사람들과 자주 충돌을 빚어요. ( )

3) 프로 골퍼 양용식은 밤잠도 줄여 가며 죽기 살기로 **연습을 한 탓에** 세계정상에 오를 수 있었어요. ( )

4) 연예프로그램을 진행하는 사회자는 생각없이 **말을 하는 탓에** 어디를 가나 사람들의 구설수에 오르내린다. ( )

5) 남대문 시장에 있는 아동복 가게는 주변 가게보다 물건 **값이 싼 탓에** 늘 손님이 몰린다. ( )

6) 경기가 **불황인 탓에** 백화점에서는 물건을 사지 않고 구경만 하는 사람들이 늘었다고 한다. ( )

4. '-는/은/ㄴ 탓에'를 사용해서 다음 대화를 완성하십시오.

1) 가: 난 어려서 별명이 먹보였는데 넌 별명이 뭐였어?

나: 울보였어. 툭 하면 우는 ~~는/은/ㄴ~~ 탓에 그런 별명이 붙었지.

2) 가: 오랜만에 가족들하고 간 여행은 재미있었지?

나: 재미있기는. .... 는/은/ㄴ 탓에 제대로 놀지도 못했어.

3) 가: 최근 불화가 잦던 배구협회와 선수들 간의 협상은 잘 되어가고 있습니까?

나: .... 는/은/ㄴ 탓에 좀 힘들 것 같습니다.

4) 가: 아무리 회사 사정이 나빠도 그렇지. 그렇게 열심히 하던 영수가 해고 당한 진짜 이유가 뭐래요?

나: 일은 열심히 했는데 .... 는/은/ㄴ 탓에 그렇게 되었다지 뭐예요.

5) 가: 우리나라 사람들이 다른 나라 사람들에 비해 위암 발병율이 높다면서요?

나: 그건 .... 는/은/ㄴ 탓에 그런 것 같아요.

6) 가: 이번 세계 선수권 대회에 김연아 선수의 최대 라이벌인 캐나다의 제시카 선수가 출전을 포기했다면서요?

나: 네, 이번 시합을 위해 지난 일 년 동안 힘들게 준비했는데 .... 는/은/ㄴ 탓에 이번 경기에 출전을 하지 못했대요.

이라도/라도 -을라치면/ㄹ라치면

5. 다음은 '머피의 법칙'의 예입니다. 읽고 '이라도/라도 -을라치면/ㄹ라치면'을 사용해서 문장을 만드십시오.

〈머피의 법칙〉

1) 엄마 몰래 친구들을 만나려고 하면 늘 길에서 엄마 친구를 만난다.
2) 일이 일찍 끝나 제시간에 퇴근을 하려고 할 때는 팀장이 꼭 회의 소집을 한다.
3) 휴가 내서 여행을 가려고 하면 회사에 문제가 생겨 주말에도 회사에 나가야 한다.
4) 뜻밖의 수입이 생겨서 저축을 하려고 하면 생각지도 않았던 지출이 더 많이 생긴다.
5) 모처럼 책상에 앉아 공부를 하려고 하면 급한 심부름이 있다며 엄마가 부르신다.
6) 간만에 온갖 멋을 다 부리고 데이트를 하려고 하면 오늘 약속을 취소하자는 남자 친구의 전화가 걸려온다.

1) 엄마 몰래 친구들이라도 만날라치면~~을라치면/라치면~~ 늘 길에서 엄마 친구를 만난다.

2) ________________ 을라치면/라치면 팀장이 꼭 회의 소집을 한다.

3) ________________ 을라치면/라치면 회사에 문제가 생겨 주말에도 회사에 나가야 한다.

4) ________________ 을라치면/라치면 생각지도 않았던 지출이 더 많이 생긴다.

5) ________________ 을라치면/라치면 급한 심부름이 있다며 엄마가 부르신다.

6) ________________ 을라치면/라치면 오늘 약속을 취소하자는 남자 친구의 전화가 걸려온다.

6. '이라도/라도 -을라치면/ㄹ라치면'을 사용해서 다음 대화를 완성하십시오.

1) 가: 연휴 내내 쉬었을 텐데 얼굴이 왜 이래?

나: 난 휴일이 정말 싫어. 잠시 눈이라도 붙일라치면~~을라치면/ㄹ라치면~~ 아이들이랑 남편이 불러대는 통에 잠은커녕 제대로 쉬지도 못해.

2) 가: 아니 이게 무슨 냄새야. 환기 좀 시키지.

나: ______________________을라치면/ㄹ라치면 다들 춥다고 해서 창문을 잠시도 못 열어.

3) 가: 언니와의 우애가 돈독해 보이네요. 정말 부러워요.

나: 무슨 소리예요? ______________________을라치면/ㄹ라치면 온갖 횡포를 다 부리는데요. 제 속을 누가 알겠어요?

4) 가: 우리 아이 돌 사진을 찍을 때 정말 힘들었는데 민정 씨 아이는 정말 얌전하게 있었나 봐요.

나: 말도 마세요. ______________________을라치면/ㄹ라치면 하도 우는 바람에 사진사 아저씨가 진땀을 뺐어요.

5) 가: 사업이 잘 된다는 얘기는 들었는데 이제 돈을 제법 모았겠네.

나: 그렇지도 않아. ______________________을라치면/ㄹ라치면 돈 쓸 일이 자꾸 생겨서 모아 놓은 건 거의 없어요.

6) 가: 늘 책을 끼고 다니시는데 책을 좋아하시나 봐요.

나: 네, 그런데 요즘은 ______________________을라치면/ㄹ라치면 밀려드는 졸음을 견디지 못하고 꾸벅꾸벅 졸기 일쑤예요.

5과 3항

읽고 쓰기

1. 다음을 읽고 질문에 답하십시오.

금메달도 부럽지 않은 '꼴찌의 꿈'

"나는 그런 표정을 생전 처음 보는 것처럼 느꼈다. 여태껏 그렇게 정직하게 고통스러운 얼굴을, 그렇게 정직하게 고독한 얼굴을 본 적이 없다. 가슴이 뭉클하더니 심하게 두근거렸다. 20~30등의 등수를 초월해서 위대해 보였다. 지금 모든 환호와 영광은 우승자에게 있지만 그는 환호 없이도 달릴 수 있기에 더 위대해 보였다."

– '꼴찌에게 보내는 갈채'의 일부에서 발췌.

스포츠는 승자에겐 승리의 기쁨을, 패자에겐 아쉬움의 눈물을 남긴다. 땀 흘린 노력의 대가는 고스란히 성적으로 이어진다. 그게 스포츠가 주는 매력이다. 그러나 스포츠에는 성적이 모든 걸 대신해 주지 않을 때도 있다. 때에 따라서는 '아름다운 꼴찌'에게 더 큰 박수가 터지기도 하고, 좌절을 딛고 일어선 패자를 통해 사람들은 더 큰 감동을 느끼기도 한다.

지난 올림픽에서 한국 선수단 중 처음으로 꼴찌로 들어온 선수가 있었다. 바로 도로 사이클 선수인 박성백이다. 90명의 선수가 출전한 경기에서 88등으로 결승 지점에 도달했다. 완주한 소감을 묻자 "심장이 터져 나가고 다리가 끊어질 것 같았지만 목표했던 완주는 꼭 일궈내고 싶었다"고 대답하면서 "경기 도중 가장 끔찍했던 건 아무도 시선 한 번 주지 않는 외로움이었다"고 털어놓았다.

그리고 사상 처음 자력으로 카누 여자 1인승에 출전한 이순자 선수는 500m 예선에서 1분 58초 14의 기록으로 탈락을 하고도 고개를 숙이지 않았다. 그 대신 그녀는 "꼴찌지만 만족스럽다. 올림픽이라는 큰 무대에서 많은 걸 배우고 가기 때문"이라고 당당하게 말했다. 어려운 여건을 딛고 올림픽 무대에 출전한 것만 해도 박수 받아 마땅했다.

역도 남자 69kg에 출전한 이배영 선수는 다리에 쥐가 나서 경기를 계속할 수 없었다. 하지만 끝까지 바벨을 놓지 않는 투혼을 발휘해 지켜보는 많은 사람들을 감동시켰다. 이배영 선수의 투혼은 등수를 넘어선 진정한 영웅의 모습을 보여주었다.

스포트라이트는 당연히 1등을 비추게 마련이다. 그러나 열악한 조건, 부당한 판정, 무엇보다 자신과의 싸움에서 이겨낸 꼴찌들의 투혼만큼은 금메달 그 이상이다.

꼴찌가 더 아름다운 건 메달을 목에 건 선수들보다 일궈내야 할 꿈들이 더 많기 때문이다.

1) 이 글의 중심 내용은 무엇입니까? (　　　)

❶ 꼴찌의 투혼　　❷ 꼴찌의 목표

❸ 꼴찌의 눈물　　❹ 꼴찌의 아쉬움

2) 맞으면 ○, 틀리면 × 하십시오.

❶ 박성백 선수는 사람들의 무관심이 힘들어 경기를 포기했다. (　　　)

❷ 카누에 출전한 이순자 선수는 올림픽에 출전해 많은 것을 배웠다. (　　　)

❸ 이배영 선수는 다리에 쥐가 나는데도 끝까지 투혼을 발휘했다. (　　　)

3) 여러분이 생각하는 꼴찌는 어떤 모습입니까? 이야기해 봅시다.

듣고 쓰기

CD: 05

2. 다음을 듣고 질문에 답하십시오.

1) 대화의 주된 내용은 무엇입니까? (　　　)

❶ 스포츠 과학의 성과　　❷ 세계 신기록 갱신

❸ 올림픽의 스포츠 정신　　❹ 경기력 향상을 위한 노력

2) 이 대화를 듣고 알 수 있는 것을 고르십시오. (　　　)

❶ 이번 올림픽에서 수영은 선수들의 정신력으로 금메달을 땄다.

❷ 이번 올림픽에서 역도는 일일훈련 프로그램을 짜기 위해 엄청난 인력을 투입했다.

❸ 차기 올림픽에서는 한방의학을 통해 선수들의 피로를 풀 수 있는 방법을 개발할 것이다.

❹ 차기 올림픽에서는 스포츠 과학의 비중이 높은 종목에 연구 인력과 예산을 늘릴 예정이다.

3) 여러분은 스포츠에서 신기록을 세우기 위해 가장 중요한 조건이 무엇이라 생각합니까? 써 봅시다.

복습문제(1과-5과)

1. [보기]에서 알맞은 단어를 골라 빈 칸에 쓰십시오.

[보기]	화두	이질화	좌우명	최적	철저히	확연히
	낱낱이	누비다	벌이다	답변하다	막론하다	
	동분서주하다	전개되다	납득이 가다	험난하다		

1) 이번에 열리는 정기 국회에서의 (   )은/는 단연 일자리 창출이다.

2) 의료법인 ㅇㅇ은/는 전쟁과 같은 최악의 여건 속에서도 전 세계를 (   )으며/며 의료 사업을 펼치고 있다.

3) 지역 주민들은 지방 자치단체의 납골당 건립 추진 계획에 반대하는 시위를 (   )었다/았다/였다.

4) 한국가스공사 사장이 국회 지식경제위원회 국정감사에서 의원들의 질의에 (   )고 있다.

5) 산악원정대는 앞으로의 (   )는/은/ㄴ 여정에도 끝까지 최선을 다하겠다는 각오를 했다.

6) 북한에 대한 우리 정부의 일방적인 퍼주기 방식에는 사실 (   )지 않는다.

7) 에너지 관리 공단에서 밝힌 겨울철 (   )의 실내 온도는 20℃ 전후이다.

8) 정부는 이번 민생 법안을 통과시키기 위해 지위고하를 (   )고 국회의원의 과반수 출석을 요구했다.

9) 세계의 최고 경영자들이 들려주는 성공을 위한 인생의 (   )을/를 하나로 묶은 책이 출간됐다.

10) 회장은 전국 학생행사를 앞두고 장소 섭외하랴 후원자를 찾아다니랴 (   )고 있다.

11) 파업 여부를 놓고 노동자들의 난상 토론이 밤새 (   )었으나/았으나/였으나 결론은 나지 않았다.

12) 경찰은 오늘부터 정지선을 위반하는 차량을 (   ) 단속하기로 하였다.

13) 국토해양부에서는 공동주택 관리비의 투명성을 높이기 위해 다음 달부터 전국에 있는 아파트 관리비를 1개월 단위로 인터넷에 (   ) 공개하기로 했다.

14) 외국어의 듣기에서의 실력 차이는 그 내용이 어려울 때 (   ) 드러난다.

15) 남북 간의 언어 (   )을/를 극복하기 위해 학자들을 중심으로 활발한 연구와 교류가 진행 중이다.

2. 빈 칸에 들어갈 가장 알맞은 표현을 골라 번호를 쓰십시오.

1) 잘못을 해 놓고 들통이 날까봐 (   )지 말고 솔직하게 말해서 용서를 빌어라.

❶ 마음을 녹이다 ❷ 마음을 졸이다 ❸ 마음을 주다 ❹ 마음을 알다

2) 영수는 통증이 줄고 좀 움직일 만하니까 퇴원할 날만 (   )고 있다.

❶ 앉아서 기다리다 ❷ 서서 기다리다 ❸ 손꼽아 기다리다 ❹ 눈감고 기다리다

3) 모두들 일이 마무리되어 즐거워 할 즈음에 김 부장이 침통한 표정으로 처음부터 다시 시작해야 한다며 (   )었다/았다/였다.

❶ 찬물을 넣었다 ❷ 찬물을 주었다 ❸ 찬물을 담았다 ❹ 찬물을 끼얹다

4) 인터뷰할 때 말을 많이 해서 못 배운 (   )지 말라는 매니저의 말에 영화배우 이지수는 아예 꿀 먹은 벙어리처럼 앉아만 있었다.

❶ 티를 내다 ❷ 짬을 내다 ❸ 틈을 내다 ❹ 겁을 내다

5) 가난한 현실을 탈피하려고 (   )었지만/았지만/였지만 오히려 빚만 눈덩이처럼 불어났다.

❶ 돈을 쓰다 ❷ 안간힘을 쓰다 ❸ 손을 쓰다 ❹ 글을 쓰다

3. 밑줄 친 단어가 **잘못** 쓰인 것을 찾아 번호를 쓰십시오.

1) (   )

❶ 경찰은 용의자의 일거수일투족을 **낱낱이** 감시하고 있었다.

❷ 뛰어 왔더니 추운 날씨임에도 **불구하고** 땀이 나기 시작했다.

❸ 소화도 안 된다면서 하고 많은 것 중에서 왜 **하필이면** 튀김을 먹니?

❹ 나영이는 무슨 생각을 하는지 창밖을 보면서 **막연히** 앉아만 있었다.

2) (   )

❶ 지금부터 이번 우리 모임의 **계기**를 말씀드리겠습니다.

❷ 남의 잘못까지도 너그럽게 **포용**할 줄 아는 사람은 드물다.

❸ 정책을 결정하는 데에 **밑바탕**이 되는 것은 국민의 여론이다.

❹ 어떤 시련에도 굴하지 않는 삶의 자세는 우리 모두의 **귀감**이 된다.

3) (   )

❶ 지나치게 **편파적인** 기사나 보도는 국민의 알 권리를 침해한다.

❷ 임금에 대하여 고용주와 피고용인의 입장에는 **본질적인** 차이가 있다.

❸ 교수님은 성품이 **가부장적이고** 작은 잘못도 그냥 봐 넘기시지 못하는 분이셨다.

❹ **주관적인** 판단에만 의지하지 말고 여러 사람의 조언을 들은 후에 결정해야 한다.

4) (   )

❶ 기자단은 이민정 선수를 이달의 선수로 **선정하였다.**

❷ 핸드볼 국가대표 선수들은 심판의 판정에 끝내 **승복하지** 않았다.

❸ 이봉주 선수는 마라톤에서 세계를 **제패하고** 마라톤의 영웅이 되었다.

❹ 이번 사안은 중요하니까 현실을 **심사숙고해서** 계획을 세워야 합니다.

5) (   )

❶ 기계 한 대에 세 사람씩 **얽매여도** 납품 시간을 맞출 수 없다.

❷ 모든 의견을 다수결로 결정하는 것이 항상 **바람직한** 건 아니다.

❸ 국내의 경제 발전에 **이바지한** 공로로 올해의 경제인상을 받을 기업인이 발표되었다.

❹ 전 재산을 투자한 회사가 부도가 났다는 말을 듣고 나는 눈앞이 캄캄해져 맥없이 **주저앉았다.**

4. 밑줄 친 부분과 관계 있는 단어를 고르십시오.

1) 박민호 선수는 지난 1년간 잦은 부상으로 경기에 나오지 못했는데 마침내 부상의 아픔을 딛고 **다시 선수생활을 하게 됐다.** (   )

❶ 병행하다 ❷ 재기하다 ❸ 재현하다 ❹ 지원하다

2) 서울시는 신호 체계가 달라 운전자들에게 혼란을 주고 교통 체증을 **야기하는** 교차로를 조사해 개선하기로 했다. (   )

❶ 침해하다 ❷ 기피하다 ❸ 급급하다 ❹ 유발하다

3) 사고를 미연에 **막으려면** 대비를 철저히 해야 한다. (   )

❶ 취급하다 ❷ 방지하다 ❸ 유치하다 ❹ 파견하다

4) 졸업생 여러분은 여러 분야에서 전문 직업인으로 다양한 능력을 발휘하며 사회에 **이바지하는** 사람이 되기를 바랍니다. (   )

❶ 기부하다 ❷ 기증하다 ❸ 기여하다 ❹ 기탁하다

5) 요즘 일부 대학들은 교육시설을 **늘림으로써** 교육 여건을 개선해 나가고 있다. (   )

❶ 확충하다 ❷ 환원하다 ❸ 확립하다 ❹ 확인하다

5. 다음 단어를 사용하여 문장을 만드십시오.

1) 낙오자 / 도전 / 불구하고 / 취급되다

2) 건립 / 혐오시설 / 벌이다 / 기피하다

3) 고정관념 / 여건 / 불문하다 / 바람직하다

4) 지연 / 학벌 / 얽매이다 / 올바르다

5) 심판 / 판정 / 승복하다 / 편파적이다

6. 다음 중 **틀린** 문장을 고르십시오.

1) (　　　)

❶ 클래식 음악은 마음을 차분하게 하는 데 효과가 있어요.
❷ 비록 견디기 힘든 시련이 닥칠지라도 모든 걸 포기하겠다.
❸ 저는 화가 날 때는 음악을 듣는다거나 잠을 잔다거나 해요.
❹ 머리가 나쁘다는 말까지 들어가면서 일을 하느니 그만두겠어요.

2) (　　　)

❶ 의사가 시키는 대로만 했던들 건강을 회복했어요.
❷ 식당 주인은 자신의 가게에 자주 와 주십사 하고 손님들에게 개업 선물을 돌렸어요.
❸ 아이가 지금쯤 집에 도착했겠거니 하고 전화를 했는데 안 받는 걸 보니 밖에서 노나 봐요.
❹ 정부에서 획기적인 방안이 나오면 몰라도 지역 주민은 쓰레기 매립장 건립에 반대할 거예요.

3) (　　　)

❶ 텔레비전을 켜 놓은 채 잠이 든 적이 한두 번이 아니에요.

❷ 저는 늘 오늘이 어제보다 나으리라는 기대를 하고 살아요.

❸ 아무리 세상이 각박해졌기로서니 옆집에 누가 사는지 알아요.

❹ 경찰이 끝까지 추적한 끝에 이번 사건의 범인을 검거할 수 있었어요.

4) (　　　)

❶ 나영 씨는 키가 좀 작다뿐이지 어디 하나 빠지는 데가 없어요.

❷ 눈썰미가 있는 사람이라면 금방 눈치 챌 테지만 나는 벌써 알았다.

❸ 모든 영화인이 지켜보는 가운데 이번 영화제의 개막작이 상영되었다.

❹ 밤샘 촬영에 피곤했을 법도 한데 배우들은 시종일관 웃음을 잃지 않았다.

5) (　　　)

❶ 이번 한 번만 속는 셈치고 도와주시면 안 될까요?

❷ 오랜만에 영화라도 같이 볼라치면 친구는 늘 바쁘다고 한다.

❸ 하루도 거르지 않고 열심히 운동을 한 탓에 살을 뺄 수 있었다.

❹ 지금 하는 일이 빨리 마무리되면 좋으련만 언제 끝날지 막막하기만 하다.

7. [보기]에서 알맞은 것을 골라 밑줄 친 문장을 다시 쓰십시오.

[보기 1] –는/은/ㄴ 탓에　–어/아/여 주십사 하고　–었던들/았던들/였던들　–겠거니 하고

인터내셔널헤럴드트리뷴(IHT)은 11일 해양생물보존단체 자료를 인용해 오세아니아 주 인근 심해에서 주로 잡히는 1) **생선 '호키'가 피시 버거나 초밥으로 지나치게 사용되면서 개체 수가 급격히 감소했다**고 보도했다. 2) **호키는 긴 꼬리에 튀어나온 눈을 가진 못생긴 생선으로 과거에는 맛이 없을 거라고 생각해서** 잡지 않던 생선이었으나 최근 버거나 초밥으로 가공되면서 인기 있는 생선으로 탈바꿈했다.

덕분에 오세아니아 주 인근 국가에서는 지난 몇 년 동안 호키 수출로 짭짤한 수익을 거둬왔다. 하지만 해양단체들은 이대로 가다가는 얼마 지나지 않아 호키가 멸종될 수 있다며 경고하고 있다.

또한 세계야생생물기금 3) **해양 국장은 "호키의 남획을 자제해 주기를 바란다"**며 오세아니아 주 인근 국가에 공문을 보냈다. 그 공문에서는 남획이 호키의 개체 수를 감소시킬 뿐만 아니라 생태계를 파괴하여 다른 어종에까지 피해를 일으킬 수 있다는 점도 지적되었다. 그는 호키 남획이 현 수준으로 지속된다면 호키도 오세아니아 주 인근 해저 어종인 '오렌지 러피(orange roughy)'와 같은 운명을 맞을 것이라고 경고했다. 4) **오렌지 러피는 1990년대 초 남획으로 개체 수가 급격히 떨어져 결국 멸종위기 어종이 됐다.**

1) ....

2) ....

3) ....

4) ....

YONSEI KOREAN WORKBOOK 6

[보기 2] -는다거나/ㄴ다거나/다거나 -으리라는/리라는 -을지라도/지라도

5) **잠을 많이 자는 것이 몸에 좋을 것이라는 예상을 뒤엎는 연구결과가 발표되었다.** 즉, 잠을 많이 자는 것은 잠을 적게 자는 것만큼 해롭다는 것이다. 10일 핀란드 공영방송 YLE 뉴스는 자국 국립보건복지연구소의 최신 연구결과를 인용해 인간의 뇌를 최적의 상태로 만들어 주는 적정 수면 시간은 7~8시간이라면서 이같이 전했다.

연구 결과 6) **사람들은 9시간 이상 수면을 취해도 기억력 등 여러 인지력 테스트에서 적정 수면을 취하는 사람들보다 현저하게 낮은 점수를 기록한 것으로 나타났다.** 이는 6시간 미만의 수면을 취하는 사람과 같은 결과인 것이다.

이 방송은 이번 연구 결과로 7) **'잠을 너무 많이 자는 것이나 적게 자는 것 모두 건강에 좋지 않다'**는 사람들의 오랜 믿음이 의학적인 검증을 거쳐 일부 사실로 인정받게 된 셈이라고 말했다.

5) ....

6) ....

7) ....

[보기 3] -으련만/련만 -은/ㄴ 채 -을/ㄹ 테지만

사랑하는 아들아
약속 시간에 늦는 사람하고는 같이 일하지 마라.
시간 약속을 지키지 않는 사람은 모든 약속을 지키지 않는다.
식당에서 식사를 하거든 늘 맛있게 먹었다고 말해라.
주방장은 자기 직업에 대해 행복해 할 것이고 너는 항상 좋은 음식을 먹게 될 것이다.
어려운 말을 사용하는 사람과 너무 예의 바른 사람을 집에 초대하지 마라.
8) **애써 피곤함을 감추고 친절을 베풀 필요는 없단다.**
가까운 친구라도 남의 말을 하는 사람에게는 절대로 속을 보이지 마라.
9) **넌 친구라고 생각하겠지만 그 사람이 바로 내 흉을 보고 다닌 사람이다.**
나이 들어가는 것도 젊을 때만큼이나 재미있단다.
10) **영원히 늙지 않으면 좋겠지만 사실 젊음은 젊음 그 자체 빼고는 별거 아니란다.**

8) ....

9) ....

10) ....

8. 다음 대화를 완성하십시오.

1) 가: 그렇게 일을 하고 싶으면 비정규직에라도 원서를 내 보지 그래?
나: ______________ 느니 ______________.

2) 가: 요즘 대학생들은 취업을 위해 이런 저런 자격증을 많이 딴다면서요?
나: ______________ 겠거니 하고 ______________.

3) 가: 환경 공해병인 '새집증후군'을 예방하기 위해서는 어떤 노력이 필요할까요?
나: ______________ 는다거나/ㄴ다거나/다거나 ______________ 는다거나/ㄴ다거나/다거나 ______________.

4) 가: 새로 선출된 국회의원이 당선 소감을 밝히는 자리에 취재하러 갔다 오셨다면서요?
나: 네, ______________ 는 가운데 ______________.

5) 가: 박주영 씨는 중학교 졸업장이 전부라고 하더니 어떻게 자동차 수리 분야에서 최고가 되었는지 모르겠어요.
나: ______________ 는다뿐이지/ㄴ다뿐이지/다뿐이지 ______________.

6) 가: 최근 지역들 간의 통합이 가시화되고 있는데요, 이 지역도 인근 지역과의 통합을 원하십니까?
나: ______________ 으면/면 몰라도 ______________.

7) 가: 화재 현장에서 무인 경보 장치가 작동이 되지 않아 인명 피해가 컸다지요?
나: 네, ______________ 었던들/았던들/였던들 ______________.

8) 가: 사회에 불만을 품은 사람이 주택가에 주차해 있던 10여 대의 자동차 타이어에 펑크를 냈대요.
나: 아무리 ______________ 기로서니 ______________.

9) 가: 싼 게 비지떡이라고 과연 저가형 노트북의 성능이 괜찮을까요?
나: ______________ 는/은 셈치고 ______________.

10) 가: 시부모님이 반대하셔서 직장을 그만두었다더니 어떻게 다시 직장에 나가게 됐어요?
나: ______________ 은/ㄴ 끝에 ______________.

부록 -듣기 지문 -모범 답안

듣기 지문

1과 3항 [CD: 01]

여러분, 성공하고 싶다면 크게 웃으십시오. 사람은 웃을 때 가장 아름답다고 합니다. 그렇다면 사람이 살면서 얼마나 많은 시간 동안 웃을까요? 어린아이들이 하루 평균 300~500번 정도를 웃는 데 비해서 성인들은 하루에 7~10번 정도 웃는다고 합니다. 성인이 되면서 웃음을 잃어가고 있다는 것이지요. 성인이 10번 정도 웃는 데 걸리는 시간이 채 5분도 되지 않는다고 하니까, 매일 5분 정도씩 웃는다고 가정할 때 70년을 산다고 하면 웃는 시간은 88일 정도밖에 되지 않는다는 계산이 나옵니다. 사람이 평균 TV를 보는 데 허비하는 시간이 7년, 잠자는 데 23년, 일하는 데 26년, 근심 걱정을 하는 데 7년 정도의 시간을 쓰는 것에 비하면 웃는 데 할애되는 시간은 의외로 너무나 적습니다.

웃으면서 만남을 시작하는 사람들은 상대방의 마음을 열어 대화를 쉽게 이끌어 갈 수 있고 거부감 없이 자신의 주장을 관철시킬 수도 있습니다. 그래서 늘 웃는 습관을 갖는 것이 중요합니다. 웃음은 그 자체가 아주 좋은 대화이기 때문입니다.

'웃으면 복이 온다'는 옛말은 잘 웃는 사람 주변에는 더 많은 사람들이 모이고 그 사람들 중에는 반드시 복을 가져다 주는 사람이 있기 때문에 생긴 말일 것입니다. 좋은 일이 있어서 웃기도 하지만 웃다 보면 좋은 일이 생길 수가 있는데요, 웃는 사람은 심리적으로 편안해지고 그러한 마음이 얼굴에 표출되어 상대방에게 좋은 인상을 주기 때문입니다. 많이 웃는 하루하루를 만들어 가면 복은 자연스럽게 찾아오는 것입니다. 더 큰 성공을 원한다면 지금부터라도 늘 긍정적인 마음을 가지고 크게 한 번 웃어보는 게 어떨까요?

2과 3항 [CD: 02]

안녕하십니까? 오늘은 저희 회사의 사회공헌 활동에 대해 소개해 드리겠습니다.

현대 전자의 사회공헌에 대한 기본적인 철학은 인간미와 도덕성을 바탕으로 사회 발전에 기여한다는 '상생의 정신'입니다. 현대 전자는 기업 가치와 함께 사회 가치를 소중히 하며 기업이익을 사회에 환원하고 있습니다. 그 뿐만 아니라 사회 구성원들에게 존경 받을 수 있는 기업이 되기 위해 자원봉사, 사회복지, 문화예술, 학술교육, 환경보전, 국제교류 등의 다양한 사회공헌활동을 통해 지역사회의 발전과 인류의 행복 증진에 기여하고 있습니다. 나아가 세계인들에게 꿈과 희망을 갖게 하는 등 글로벌 기업으로서의 책임도 다하고 있습니다.

특히 임직원들의 자원봉사활동을 장려하기 위해 1998년 사회봉사단을 발족하였고, 2004년에는 나눔경영 확대의 일환으로 본사에 전담 조직인 사회봉사단 사무국을 신설하였습니다. 사무국 산하에 모두 7개의 자원봉사센터를 두고 있으며, 각 자원봉사센터에는 전담사회복지사가 상주하여 임직원들의 자원봉사 프로그램 개발을 지원하고 있습니다.

또한 사회봉사단 사무국은 봉사활동 시 상해에 대비하여 임직원의 자원봉사 보험 가입을 지원함은 물론 자원봉사인증관리시스템을 통해 개인의 봉사활동 실적을 관리하고 봉사시설 등에 대한 정보를 임직원에게 제공하기도 합니다. 그리고 매년 현대 전자 자원봉사 대축제를 통해 우수한 봉사팀 및 봉사지도자를 발굴, 시상하여 격려하는 등의 지원제도를 통해 임직원들의 봉사활동을 장려하고 있습니다.

이러한 지원 아래 저희 현대 전자 100여 개의 자원봉사팀에 소속된 임직원들은 지역사회와 소외된 이웃을 위해 다양한 봉사활동을 펼치고 있습니다.

앞으로도 현대 전자는 '좋은 기업'을 넘어서 '존경 받는 기업'이 되기 위해 적극적인 사회공헌활동을 펼침으로써 사회에 보탬이 되고자 노력할 것입니다.

3과 3항 [CD: 03]

사회자 지금까지 여성학자 박미옥 교수님께서 바람직한 성역할이란 무엇인가에 대해 견해를 밝혀 주셨습니다. 그렇다면 이제 바람직한 성역할을 확립할 수 있는 방법도 알아야 할 텐데요, 그 방법에는 어떤 것들이 있을까요?

박교수 크게 두 가지가 있습니다.

첫째, 편견을 버려야 합니다. 인간은 남성적 혹은 여성적이어야 한다는 이분법적인 사고는 남성과 여성을 동시에 억압하는 것입니다. '남자가 말이야 그것도 못하냐?' ' 아니, 여자가 어떻게 그것을 하냐?'가 아니라 개개인의 차이를 인정해 주어야 차별이 생기지 않는다는 것이지요.

사회자 남녀의 차이를 인정하고 남성과 여성에 대한 고정 관념을 깨는 것이 중요하다는 말씀이시지요?

박교수 네, 맞습니다.

사회자 또 다른 방법으로는 어떤 것이 있을까요?

박교수 바람직한 성역할을 확립하기 위해서는 양성성을 교육해야 합니다. 남자는 언제나 씩씩해야 하고 여자는 예뻐야 한다는 식의 사고에서 벗어나야 합니다. 유명한 패션 디자이너나 요리사의 경우 남성임에도 불구하고 여성적인 성향이 많이 나타나는 걸 볼 수 있습니다. 남성다움과 여성다움에서 벗어나 양성성을 교육하되 자기다움을 발견하고 계발할 수 있는 분위기를 만드는 데 교육의 초점을 두는 것이 중요합니다.

사회자 그렇군요. 남녀에 대한 사회적인 편견을 버리고 한 개인 속에는 남성과 여성이 공존할 수 있는 양성성이 있음을 교육해야만 바람직한 성역할을 확립할 수 있다는 말씀이셨습니다. 오늘 말씀 잘 들었습니다. 지금까지 여성학자 박미옥 교수님을 모시고 바람직한 성역할을 이루기 위한 두 가지 방법에 대해 얘기해 보았습니다.

마지막으로 남성과 여성에 대한 생각을 정리하는 의미에서 여성특별위원회가 발표한 '성차별 없는 미디어가 평등사회를 앞당긴다'의 내용 일부를 소개해 드리면서이 시간을 마치겠습니다.

첫째, 미디어는 성역할 고정관념에 제한되지 않는 다양한 여성상을 제시해야 한다.

둘째, 여성을 남성과 동등한 가치를 지닌 존재로 묘사해야 한다.

셋째, 여성의 신체와 성을 상품화하지 않아야 한다.

넷째, 이야기 전개에 불필요하게 여성에 대한 폭력을 제시하지 않아야 한다. 등입니다. 그럼 다음 시간에 다시 찾아 뵙겠습니다.

듣기 지문

4과 3항 [CD: 04]

진행자 총선이 일주일 앞으로 다가온 가운데, 수도권과 충청권을 중심으로 여당과 야당의 치열한 경쟁이 전개되고 있습니다. 특히 이번 총선은 여야 모두 후보 등록 직전까지 극심한 공천 파동을 겪은 데다가 공천 탈락자들의 무소속 출마가 많아, 그 어느 때보다 복잡한 구도의 경쟁이 이루어지고 있습니다.

또한 후보들의 공약이 2주 전에야 발표되었기 때문에 유권자들이 후보들의 정책이나 인물을 비교할 시간과 자료가 충분하지 않아 선택의 어려움을 느낀다고 합니다. 저희 방송에서는 유권자들의 판단과 선택을 돕기 위해 각 당의 정책과 비전을 비교 검증할 수 있는 장을 마련했습니다. 지금부터 각 당의 선거 대책 위원장을 모시고 이번 총선의 정책과 현안에 대한 입장을 들어보겠습니다.

안녕하십니까? 우선 두 당의 경제 정책부터 말씀해 주십시오.

대한당 안녕하십니까? 대한당의 조국입니다. 저희 당에서는 생활필수품 가격인상을 최대한 억제해 서민 경제에 도움을 주겠습니다.

민국당 안녕하십니까? 민국당의 한민입니다. 저희는 서민경제에 희망을 드리기 위해 부동산 규제를 완화하고, 세금을 인하하도록 노력하겠습니다.

진행자 교육 분야에서는 어떤 정책을 펼치시겠습니까?

대한당 저희 대한당에서는 양질의 공교육을 활성화시켜 사교육비를 줄이겠습니다. 각 학교에 원어민 강사를 집중 배치하고 다양한 방과 후 교육을 실시하도록 하겠습니다.

민국당 농어촌 교육을 살리기 위해서 저희 민국당에서는 우선 농어촌의 교육 환경을 개선하도록 하겠습니다. 그런 후에 외국 대학의 분교를 유치해 우수 인재를 양성하겠습니다.

진행자 다음은 사회 복지 분야인데요, 주요 이슈인 저소득층 빈곤 해소와 사회적 약자를 위한 정책을 각 당이 앞다퉈 내놓고 있습니다. 하지만 실행 가능성은 좀 더 꼼꼼히 따져봐야 한다는 지적입니다. 말씀해 주시지요.

민국당 저희 민국당에서는 가난의 대물림을 막기 위해 저소득층 자녀에게는 연령별로 단계적인 지원책을 마련하겠습니다. 그리고 장애인 가구 중 절대 빈곤가구를 대상으로 30만원 수준의 기초 장애연금을 도입하고 장애인 의무고용을 확대하겠습니다.

대한당 저희 대한당에서는 암과 뇌졸중 등 7개 주요 질환에 대한 무료 검진을 확대 실시하고 노인 · 여성 · 어린이 · 장애인 등 취약계층에 대한 건강관리를 강화하겠습니다.

진행자 지금까지 대한당과 민국당의 선거 대책 위원장을 모시고 이번 총선의 정책과 현안에 대한 입장을 들어보았습니다. 청취자 여러분께서도 두 정당의 정책 차이를 확인하셨을 것입니다. 아무쪼록 바른 선택을 하시길 바랍니다. 두 분 감사합니다.

5과 3항 [CD: 05]

김 기자 오늘은 이번 올림픽 국가 대표팀의 단장을 맡아 애쓰신 박미선 단장님을 모시고 얘기를 나눠 보겠습니다. 단장님, 안녕하십니까?

박 단장 네, 안녕하십니까?

김 기자 이번 올림픽에서 기대 이상의 성과를 올리셨는데요. 소감 한 말씀 해 주십시오.

박 단장 우선 성원해 주신 국민 여러분께 감사의 말씀을 드립니다.
이번 올림픽은 스포츠 과학의 실험 무대였다고 해도 과언이 아니었습니다. 한국 선수단도 스포츠 과학의 효과를 실감했지요. 개막과 함께 종목별로 세계신기록 갱신이 이어졌고 한국도 남자 양궁과 수영, 역도 등에서 올림픽의 역사를 새로 썼습니다.

김 기자 네, 정말 대단했습니다. 그렇다면 한국이 이번 올림픽에서 역대 최고의 성적을 거둘 수 있었던 것은 역시 스포츠 과학의 효과가 컸다는 말씀이신가요?

박 단장 네, 맞습니다. 수영에서는 여러 테스트 자료를 토대로 대표 선수의 일일훈련 프로그램을 짰습니다. 이동 속도 측정 장치를 만들어 '영법교정'에 접목한 것이 금메달의 원동력이었습니다.
역도에서도 마찬가지입니다. 과학적 분석을 통해 선수들에게 근육의 좌우 균형을 맞추는 트레이닝을 실시했습니다. 많은 선수들이 이런 훈련을 거쳤고, 이런 과학적 훈련이 새로운 메달밭을 일구는 밑거름이 되었던 셈이지요.

김 기자 다른 나라의 경우에는 스포츠 과학 분야에서 어떤 노력들을 하고 있습니까?

박 단장 우선 많은 나라에서는 과학적인 방법으로 선수 개개인의 신체적 조건을 분석해서 잠재력 있는 선수들을 발굴합니다. 그리고 서양 의학뿐만 아니라 한방의학을 통해 생리기능 활성물질 및 신속한 피로회복 방법을 개발하는 등 여러 분야에서 연구를 활발하게 진행하고 있습니다.

김 기자 그렇군요. 우리 대표팀의 앞으로의 계획은 어떻습니까?

박 단장 이번 올림픽을 통해 정부도 스포츠 과학이 경기력에 직결된다는 것을 인식하고 스포츠 과학 분야에 연구 인력과 예산을 늘리기로 했습니다. 그리고 향후 3년 간 연구 인력을 20% 늘려 육상, 수영, 사격 등 스포츠 과학의 비중이 높은 종목에 중점 배치하기로 했습니다.

김 기자 여러모로 바쁘실 텐데 좋은 말씀 감사합니다.
다음 올림픽에서도 좋은 성과 기대하겠습니다.

모범 답안

제1과 성공적인 삶

1과 1항

1. 2) 지지해 3) 성원 4) 주저앉고 5) 막연히
   6) 구체화되고 7) 한결같은 8)침해될 9) 수장이
   10) 시련 11) 막론하고 12) 좌우명 13) 귀감이
   14) 화두로 15) 소감을
2. 2) 실패 3) 성공 4) 도전 5) 고난
3. 2) 손발이 안 맞는 사람과 함께 일하느니 차라리 혼자 하겠다.
   3) 아무 일도 못하고 망설이기만 하느니 되든 안 되든 한번 시작해 보겠다.
   4) 상사한테 아부해서 승진을 하느니 영원히 과장으로 남겠다.
   5) 양심을 속이고 거짓을 말하느니 진실을 밝히고 달게 벌을 받는 게 낫다.
   6) 남의 논문을 표절해서 A를 받느니 한 학기를 더 다니겠다.
4. 2) 그런 사람과 결혼하느니
   3) 이 일로 부모님께 도움을 청하느니
   4) 진수와 방을 같이 쓰느니
   5) 옳지 못한 방법으로 성공하느니
   6) 후배들한테까지 무시당하면서 회사를 다니느니
5. 2) 할 말은 해야겠어요.
   3) 삶을 포기해서는 안 되지요.
   4) 대통령은 해외파병을 추진할 것으로 보인다.
   5) 정정당당하게 경기에 임하자.
   6) 그만두기 전까지는 최선을 다해야지요.
6. 2) 시청자에게 욕을 먹을지라도
   3) 주민들의 원성이 높을지라고
   4) 회사에서 쫓겨날지라도
   5) 아무리 어려운 일이 닥칠지라도
   6) 사원들의 반발이 심할지라도

1과 2항

1. 2) ❶ 3) ❷ 4) ❸ 5) ❶ 6) ❶ 7) ❷ 8) ❸
2. 2) 인생관, 수필에는 지은이의 생활 태도와 인생관이 반영되어 나타난다.
   3) 결혼관, 두 사람은 오랜 시간의 대화를 통해 상대의 결혼관에 대해 많은 것을 알 수 있었고 그 후 결혼까지 하게 되었다.
   4) 직업관, 이 선생님은 자기 직업에 대한 직업관이 뚜렷하다.
   5) 경제관, 이 책은 올바른 경제관을 가진 똑똑한 아이로 만들어주는 경제 교육서이다.
   6) 도덕관, 최근에는 물질적으로 살기는 좋아졌지만 돈이면 다 되고 돈이라면 물불 가리지 않는 이른바 도덕관 부재가 사회문제가 되고 있다.
3. 2) 서로를 잘 배려한다거나 그 사람 입장에 서서 생각한다거나
   3) 저축을 한다거나 퇴직연금보험에 가입한다거나
   4) 담장을 허문 후 주차장을 만든다거나 공용주차장을 만든다거나
   5) 기초생활보장제도를 개선한다거나 빈곤계층에게 최저 생계비를 지원한다거나
   6) 대중교통 이용을 장려한다거나 차량 10부제를 시행한다거나
4. 2) 가까운 교외에 간다거나 보고 싶었던 친구를 찾아가 만난다거나
   3) 식습관을 고친다거나 일주일에 3일 이상 운동을 한다거나
   4) 술 한 잔 하면서 상사의 마음을 풀어 준다거나 빈말이지만 칭찬을 늘어놓는다거나
   5) 경제적으로 힘들다거나 인간관계에서 실패한다거나
   6) 다른 식당과 차별화된 고급재료를 쓴다거나 독특한 맛과 서비스로 손님에게 감동을 준다거나
5. 2) 자외선 차단제는 햇빛으로부터 피부를 보호하는데 좋아요.
   3) 마스크 착용은 바이러스 감염을 방지하는 데 효과가 있어요.
   4) 만화책은 시간을 때우는 데 아주 좋아요.
   5) 군대 체험은 나약한 사람을 강하게 만드는 데 효과적이에요.
   6) 동호회 활동은 인간관계를 넓히는 데 좋은 것 같아요.

6. 2) 아이의 키가 자라는
3) 소비자의 과소비를 부추기는
4) 원기를 회복하는
5) 아름다운 몸매와 건강을 유지하는
6) 대학 수업을 따라가는

1과 3항

1. 1) ❸
2) ❶ × ❷ ○
2. 1) ❷
2) ❶ × ❷ ○

속담 연습 1

1. 송충이는 솔잎을 먹어야 산다
2. 서당 개 삼년에 풍월을 한다
3. 백지장도 맞들면 낫다
4. 달면 삼키고 쓰면 뱉는
5. 개천에서 용 났다고
6. 밑 빠진 독에 물 붓기
7. 비 온 뒤에 땅이 굳어진다
8. 공든 탑이 무너지겠어요?
9. 가지 많은 나무 바람 잘 날 없다
10. 소문난 잔치에 먹을 것 없다

제2과 더불어 사는 사회

2과 1항

1. 2) 확충할 3) 하필이면 4) 선정했다 5) 유치하기 6) 취지 7) 소각하는 8) 악취가 9) 납골시설이 10) 건립해 11) 유해물질이 12) 화장장
2. 2) 분쟁 3) 벌였다, 벌이다가 4) 혐오 시설로/혐오 시설이 5) 시위가/시위를 6) 기피하는, 기피하면
3. 2) 박물관 측이 경찰의 청원경찰 증원 및 시설보완 등의 요구를 받아들였던들 도난사건은 발생하지 않았을 텐데.
3) 박물관에서 경찰이 요구한 방범시설을 제대로 갖추었던들 도난사건은 일어나지 않았을 텐데.
4) 감시용 CCTV 2개가 모두 작동했던들 범인은 쉽게 잡을 수 있었을 텐데.
5) CCTV에 용의자 2명이 선명하게 찍혔던들 경찰 수사에 도움이 됐을 텐데.
6) 보험에 가입을 했던들 보상을 받을 수 있었을 텐데.
4. 2) 노사가 서로 조금이라도 양보했던들
3) 축대를 미리 보수했던들
4) 건강에 신경을 썼던들
5) 미리미리 대비를 잘 했던들
6) 사전에 화재 예방에 힘썼던들
5. 2) 제 콘서트에 와 주십사 하고 초대권을 드리는 겁니다.
3) 성실한 사람이 있으면 추천해 주십사 하고 찾아 왔습니다.
4) 이번에 제가 발표할 논문을 검토해 주십사 하고 찾아 왔습니다.
5) 이번 한 번만 보험을 들어 주십사 하고 방문했습니다.
6) 이곳에 쓰레기 매립장 설립을 동의해 주십사 하고 설명회를 열었습니다.
6. 2) 저희 가게를 자주 들러
3) 어제 올린 기획안을 검토해
4) 저희 단체를 후원해
5) 다시 한 번 생각해
6) 대학원 입학 추천서를 써

2과 2항

1. 2) 이윤 3) 급급해 4) 환원하고자 5) 펼치고 6) 저소득층 7) 파견해 8) 바람직한 9) 공헌할
2. 2) 기여하다 3) 기탁하다 4) 기증하다 5) 창출하다 6) 기부하다
3. 2) 획기적인 신약이 개발되면 몰라도 인간은 암을 정복할 수 없을 것이다.
3) 소음과 분진 문제가 해결되면 몰라도 주민들은 도로확장공사에 동의하지 않을 것이다
4) 회사 측이 노조 측의 요구를 들어 주면 몰라도 노조는 파업을 그만두지 않을 것이다.
5) 지위고하를 막론하고 적용할 수 있는 법을 제정하면 몰라도 부정부패를 완전히 뿌리 뽑을 수 없

모범 답안

을 것이다.

6) 소각장에서 나오는 유해물질을 완벽하게 차단시키면 몰라도 주민들은 쓰레기 소각장 건립을 반대할 것이다.

4. 2) 50만 원 이상 사시면
   3) 청약 지원자가 적으면
   4) 굶어 죽을 정도로 형편이 어려워지면 몰라도
   5) 친구들과 같이 가면
   6) 획기적인 지원책이 마련되면
5. 2) 내가 아프다고 하면 누군가 집을 치우겠거니 하고 하루종일 손가락 하나 까딱하지 않고 누워 있었는데 일어나보니 집안은 엉망이었다.
   3) 신분증이 없어도 담배를 구입하겠거니하고 돈만 달랑 가지고 슈퍼에 갔는데 신분증을 요구하는 바람에 빈손으로 돌아왔다.
   4) 평일이어서 관람객이 적겠거니 하고 표를 예매하지 않았는데 좋은 좌석은 다 팔리고 없었다.
   5) 간단한 일이라서 하루 정도면 끝내겠거니 하고 후배에게 일을 맡겼는데 일주일째 깜깜 무소식이다.
   6) 워낙 유명 회사 제품이라 하자가 없겠거니 하고 꼼꼼히 살펴보지 않고 샀는데 집에 와서 보니 마무리가 잘 되어 있지 않았다.
6. 2) 나이가 어리면 아무것도 모르겠거니
   3) 모두들 알고 있겠거니
   4) 세금이 줄면 경기가 좋아지겠거니
   5) 시간만 지나면 화가 풀리겠거니
   6) 알아서 펀드 운용을 잘 하겠거니

2과 3항

1. 1) 지역 이기주의
   2) ❸
2. 1) ❷
   2) ❸

속담 연습 2

1. 옥에 티였어요
2. 종로에서 뺨 맞고 한강에서 화풀이 한다
3. 입이 열 개라도 할 말이 없습니다
4. 열 번 찍어 안 넘어가는 나무 없다
5. 새 술은 새 부대에 라는
6. 한 번 엎지른 물은 다시 주워 담지 못 한다
7. 중이 제 머리 못 깎는다
8. 잘 자랄 나무는 떡잎부터 알아본다
9. 첫 술에 배부르겠어요?
10. 안 되면 조상 탓 잘 되면 제 탓이라고

제3과 여성과 남성

3과 1항

1. 2) 마음을 졸이고만 3) 현모양처였다 4) 각오를 하고 5) 동분서주했다 6) 병행하면서
2. 2) 가사분담 3) 전업주부 4) 맞벌이 부부 5) 요조숙녀
3. 2) 입을 꼭 다문 채 수줍게 웃기만 했다.
   3) 팔에 붕대를 칭칭 감은 채 무대에 올라 열창을 했다.
   4) 가방을 멘 채 신나게 막춤을 추었다.
   5) 수업시간에 항상 고개를 숙인 채 조용히 수업을 들었다.
   6) 두 손을 모은 채 먼 산을 보며 시를 읊었다.
4. 2) 창문을 열어 놓은 채
   3) 각국의 개발 정도를 무시한 채
   4) 자신의 감정을 숨긴 채
   5) 추석 연휴도 잊은 채
   6) 준비운동과 장비를 충분히 갖추지 않은 채
5. 2) 감독을 믿고 최선을 다해 훈련에 임하리라는 자세로 훈련장에 나왔다.
   3) 노사 간의 지속적인 대화를 통해 모두가 바라는 회사로 만들리라는 각오를 밝혔다.
   4) 자신들의 주장을 끝까지 관철시키리라는 결의를 보였다.
   5) 국민을 섬기는 정부로 거듭나리라는 의지로 정부 조직을 개편했다.
   6) 이러한 정부의 적극적인 태도에 사태가 조속히 해결되리라는 기대를 하게 됐다.

6. 2) 아들이 조만간 돌아오리라는
3) 메달을 따리라는
4) 기필코 성공하고 말리라는
5) 지구를 살리리라는
6) 작은 힘이라도 보태리라는

3과 2항

1. 2) 납득이 가도록 3) 고정관념이 4) 여건
5) 불문하고 6) 심사숙고해서
2. 2) 남성적이다, 여성적이다: 작가 ○○○의 작품에는 여성적인 섬세성을 담고 있다.
3) 남성성, 여성성, 양성성: 남성성과 여성성을 측정하는 검사를 성도검사라 한다.
4) 성차별, 남녀차별: 우리 직장은 남녀차별이 없는 곳이다.
5) 남녀평등, 양성평등: 여권 신장 또는 남녀평등을 주장하는 사람을 페미니스트라고 한다.
3. 2) 아무리 사랑에 빠졌기로서니 공공장소에서 과감한 애정 표현을 하면 안 되지요.
3) 아이가 말을 듣지 않기로서니 때리면 어떻게 해요?
4) 아무리 분유 살 돈이 없기로서니 강도 짓을 해서야 되겠어요?
5) 아무리 사회에 불만이 있기로서니 죄없는 사람을 대상으로 화풀이를 해서야 되겠어요?
6) 아무리 팀의 성적이 부진하기로서니 경기 중에 구단이 감독을 경질한 것은 좀 심하네요.
4. 2) 바쁘기로서니 연락도 못하니?
3) 스트레스가 쌓이기로서니 한 달 생활비를 다 쓰면 어떻게 해?
4) 같이 일하는 사람이 마음에 안 들기로서니 사표를 내서야 되겠어요?
5) 예산이 부족하기로서니 빈곤층에게 지급되는 급식비까지 줄이다니 참 마음이 아프네요.
6) 최고 권력자이기로서니 불륜까지 감싸주다니 이해가 안 되네요.
5. 2) 영업사원은 거래처 사장을 끈질기게 설득한 끝에 제품 매매 계약을 성사시켰다.
3) 경찰이 목격자의 제보를 토대로 용의자 이 씨를 추궁한 끝에 범행 사실을 자백 받았다.
4) 영화 '자연인' 오디션에서 김미영은 혼신의 힘을 다해 연기한 끝에 여 주인공의 배역을 따낼 수 있었다.
5) 요리 연구가 한영선 씨는 10년 동안 연구실에 틀어박혀 요리 개발에 전념한 끝에 세계 최고의 요리사가 되었다.
6) 국제암센터 연구팀은 3년 넘게 암 연구와 신약 개발에 몰두한 끝에 새로운 항암치료제 개발에 성공했다.
6. 2) 오랜 시간 피나는 노력을 한
3) 지역 주민들을 한 사람 한 사람 찾아다니며 설득한
4) 몇 번의 투표를 거친
5) 한 번만 만나 달라고 사정을 한
6) 관계자가 모두 모여서 만장일치로 합의한

3과 3항

1. 1) ❸
2) ❶ O ❷ ×
2. 1) ❹
2) ❸

관용어 연습 1

1. 트집을 잡아서
2. 날개 돋친 듯이 팔리고
3. 발등에 불이 떨어진
4. 발 벗고 나서서
5. 내 코가 석자야
6. 난다 긴다 하는
7. 뒤 끝이 없어서
8. 꼬리에 꼬리를 물고
9. 눈독을 들이지
10. 베일에 가려져서

모범 답안

제4과 바른 선택

4과 1항

1. 2) 소속 3) 보수적인 4) 전개되었으나 5) 보급 6) 얽매이지 7) 학벌 8) 본질적인 9) 인력을 10) 비정규직을 11) 선거 유세 12) 민생 문제 13) 공공 주택
2. 2) ❹ 3) ❷ 4) ❶ 5) ❷ 6) ❶
3. 2) 김영수 씨는 대학교를 졸업하지 않았다뿐이지 그의 손에만 들어가면 못 고치는 게 없다.
   3) 최민호 씨는 기능 올림픽에서 메달을 따지 못했다뿐이지 그가 만든 귀금속 공예품은 고객으로부터 최고라는 찬사를 받고 있다.
   4) 침팬지는 인간에 비해서 듣고 반응하는 속도가 느리다뿐이지 인간의 행동을 이해하고 모방하는 능력은 뛰어나다.
   5) 대통령이 바뀌고 새 정부가 출범했다뿐이지 서민들의 민생 문제를 해결하기 위한 정책에는 거의 변화가 없다.
   6) 이번 총선에서는 지난 선거에 비해 젊은 층의 투표 참여율이 높아졌다뿐이지 전체 국민의 투표 참여율은 여전히 50%를 넘지 못했다.
4. 2) 조금 피곤하다뿐이지
   3) 지원자가 많다뿐이지
   4) 공약만 대단하다뿐이지
   5) 반대를 안 한다뿐이지
   6) 노벨상을 받지 못한다뿐이지
5. 2) 김 대리는 회의 때마다 늦으면 미안해할 법도 한데 매번 소란스럽게 들어와 자리에 앉더군요.
   3) 민수 씨는 기자들에게 예상치 못했던 질문을 받으면 당황할 법도 한데 그런 기색을 감추고 오히려 미소를 지었어요.
   4) 영화 '경포대는' 20대에게 인기 있는 배우가 출연했으면 흥행될 법도 한데 개봉한 지 한 달이 지나도 관객의 발길이 뜸하대요.
   5) 마이클 씨는 3년이나 외국생활을 했으면 익숙해질 법도 한데 아직도 문화 충격을 느낄 때가 있고 많은 게 생소하대요.
   6) 돈을 빌려달라는 부탁을 할 때마다 내가 거절했으면 포기할 법도 한데 친구는 오늘도 끈질기게 돈 얘기를 해요.
6. 2) 날씨가 더우면 지칠
   3) 오늘 하루 쉬실
   4) 자신의 얘기를 들어 주는 사람이 없으면 연설을 포기할
   5) 직원들에게 특별 상여금이라도 지급할
   6) 그렇게 좋아할

4과 2항

1. 2) 숙명으로 3) 포용 4) 험난한 5) 유도하기 6) 선의로 7) 확연히 8) 원리원칙 9) 철저히 10) 점진적으로 11) 이질화
2. 2) 현재로서는 남북 간의 언어 이질화를 점진적으로 극복하는 데 중점을 두어야 합니다.
   3) 여당에서는 북한에 일방적인 퍼주기보다는 원리원칙을 지켜 통일비용을 서로 분담하는 쪽으로 유도하고 있습니다.
   4) 민간 주도의 교류가 정착되면 머지않아 한반도에 평화가 찾아올 것입니다.
   5) 무역 개방은 정부 주도 하에 국민이 서로 협력해야만 이루어진다.
   6) 분단 상황에서 강압적인 통일을 유도하면 부작용이 생기게 마련이다.
3. 2) 승진 대상자 명단이 발표되었다.
   3) 중앙 선거관리위원회의 개표가 시작되었다.
   4) 하반기 경제에 부담을 줄 만한 복병들이 여기저기에서 터져 나오고 있다.
   5) 중앙은행은 정부를 대신해 민간 기업에 자금을 지원하기로 했다.
   6) 논란은 계속 증폭되어가고 있다.
4. 2) 많은 갤러리들이 지켜보는
   3) 비가 쏟아지는
   4) 열띤 논의가 진행되는
   5) 치고 박고 싸우는
   6) 밤이 깊어가는
5. 2) 다들 자기의 입장이 있을 테지만 지금은 한 목소

리를 내야 할 때입니다.

3) 학점을 받기 위해 하는 봉사활동이라서 내키지 않을 테지만 결국에는 보람을 찾을 수 있을 겁니다.

4) 그쪽도 손해가 많을 테지만 저희도 상당한 손실을 감수해야 해요.

5) 심적으로는 지영 씨 말에 수긍이 갈 테지만 드러내놓고 찬성하는 사람은 없을 거예요

6) 지금은 저를 이해 못할 테지만 언젠가는 제 진심을 알아주시겠지요.

6. 2) 두 번 다시 떠올리고 싶지 않으실
3) 처음 들으면 기분이 나쁠
4) 물론 효과가 없지는 않을
5) 아주 피곤할
6) 너는 지겨울

4과 3항

1. 1) ❷
2) ❶ × ❷ × ❸ ○ ❹ ○
2. 1) ❸
2) ❶ ○ ❷ × ❸ ○ ❹ ×

관용어 연습 2

1. 얼굴에 먹칠을 하다니
2. 죽이 맞아야
3. 코가 납작해졌어
4. 재미를 보고
5. 불똥이 튈지
6. 사서 고생하니
7. 눈살을 찌푸렸어요
8. 눈 밖에 나지
9. 싼 게 비지떡이라고
10. 열을 올리고

제5과 스포츠

5과 1항

1. 2) 날날이 3) 안간힘을 쓰고 4) 빙산의 일각
5) 티를 내지 6) 밑바탕으로 7) 방지한다
8) 재현해 9) 제패한 10) 선천적
11) 가상으로 12) 최적
2. 2) 통기성이 3) 폐활량을 4) 기록 단축을
5) 체력이 6) 심리 훈련을
3. 2) 이번 한 번만 적선하는 셈치고
3) 30분 운동하는 셈치고
4) 잃어버린 셈치고
5) 비싼 수업료 낸 셈치고
6) 인생 공부한 셈치고
4. 2) 밥은 먹은
3) 단역이라도 연습하는
4) 어머니가 그토록 원하시니 효도하는
5) 그동안 적은 시를 정리하는
6) 적자가 날 수도 있겠지만 당분간은 공부하는
5. 2) 멀리까지 다 볼 수 있으련만
3) 발 벗고 나서서 도와주련만
4) 회의에 늦지 않았으련만
5) 이번 시합에 나가련만
6) 조그마한 사업이라도 시작하련만
6. 2) 시간이 있으면 전화라도 하련만
3) 직장 선배들이 조금이라도 도와주면 쉽게 극복하련만
4) 경기부양책이 나오면 도움이 되련만
5) 제조사들이 소비자의 건강을 생각한다면 그런 주스를 만들지 않으련만
6) 모아 둔 돈이라도 있으면 장사라도 하련만

5과 2항

1. 2) 편파적인 3) 손꼽아 기다린다 4) 승복할
5) 성대한 6) 찬물을 끼얹었다 7) 기립박수와
8) 판독을
2. 2) 개막식과 3) 정정당당하게 4) 화합을 5) 순위를
6) 공명정대하지, 공명정대하게
3. 2) ○ 3) × 4) ○ 5) × 6) ○
4. 2) 일정이 빡빡한
3) 서로들 자신의 입장만 내세우는
4) 늘 말을 함부로 하는
5) 맵고 짠 음식을 많이 먹는

모범 답안

6) 부상을 당한 탓에

5. 2) 일이 일찍 끝나 제시간에 퇴근이라도 할라치면
   3) 휴가 내서 여행이라도 갈라치면
   4) 뜻밖의 수입이 생겨서 저축이라도 할라치면
   5) 모처럼 책상에 앉아 공부라도 할라치면
   6) 간만에 온갖 멋을 다 부리고 데이트라도 할라치면
6. 2) 창문이라도 열라치면
   3) 옷이라도 한 번 빌려 입을라치면
   4) 포즈 잡고 사진이라도 찍을라치면
   5) 저축이라도 할라치면
   6) 책이라도 좀 읽을라치면

5과 3항

1. 1) ❶
   2) ❶ × ❷ ○ ③ ○
2. 1) ❶
   2) ❹

복습문제(1과-5과)

1. 1) 화두는 2) 누비며 3) 벌였다 4) 답변하고
   5) 험난한 6) 납득이 가지 7) 최적
   8) 막론하고 9) 좌우명을 10) 동분서주하고
   11) 전개됐으나 12) 철저히 13) 낱낱이
   14) 확연히 15) 이질화를
2. 1) ❷ 2) ❸ 3) ❹ 4) ❶ 5) ❷
3. 1) ❹ 2) ❶ 3) ❸ 4) ❹ 5) ❶
4. 1) ❷ 2) ❹ 3) ❷ 4) ❸ 5) ❶
5. 1) 김영수는 사회에서 낙오자로 취급되었음에도 불구하고 끝없는 도전 정신으로 성공을 할 수 있었다.
   2) 혐오시설 건립을 기피하는 지역주민들은 해당 구청에 가서 날마다 시위를 벌인다.
   3) 집안일은 언제나 여자가 해야 한다는 고정관념에서 벗어나 이제는 남녀를 불문하고 누구나 여건이 되는 사람이 하는 것이 가장 바람직하다.
   4) 선거 때마다 후보자의 지연이나 학벌 등에 얽매여서 올바른 판단을 못하는 사람들이 많다.
   5) 심판의 판정이 비록 편파적이라도 한번 내린 결정에는 승복해야만 한다.
6. 1) ❷ 2) ❶ 3) ❸ 4) ❷ 5) ❸
7. 1) 생선 호키가 피시 버거나 초밥으로 지나치게 사용된 탓에 개체 수가 급격히 감소했다.
   2) 호키는 긴 꼬리에 튀어나온 눈을 가진 못생긴 생선으로 과거에는 맛이 없겠거니 하고
   3) 해양국장은 호키의 남획을 자제해 주십사 하고
   4) 오렌지 러피를 남획하지 않았던들 멸종위기의 어종이 되지는 않았을 텐데.
   5) 잠을 많이 자는 것이 건강에 좋으리라는 예상을 뒤엎는 연구결과가 발표되었다.
   6) 사람들은 9시간 이상 수면을 취할지라도 기억력 등 여러 인지력 테스트에서 적정 수면을 취하는 사람들보다 현저하게 낮은 점수를 기록한 것으로 나타났다.
   7) 잠을 너무 많이 잔다거나 적게 잔다거나 하는 것은 모두 건강에 좋지 않다.
   8) 애써 피곤함을 감춘 채 친절을 베풀 필요는 없단다.
   9) 넌 친구라고 생각할 테지만 그 사람이 바로 내 흉을 보고 다닌 사람이다.
   10) 영원히 늙지 않으면 좋으련만 사실 젊음은 젊음 그 자체 빼고는 별거 아니란다.
8. 1) 비정규직으로 일하느니 차라리 아르바이트를 하는 게 나아.
   2) 자격증 하나라도 있으면 취직이 쉽겠거니 하고 그렇게들 하나 봐요.
   3) 창문을 열어 자주 환기를 시킨다거나 집을 지을 때 친환경 소재를 사용한다거나 하면 새집증후군을 예방할 수 있어요.
   4) 지역 주민이 지켜보는 가운데 담담하게 당선 소감을 밝혔어요.
   5) 대학만 졸업하지 않았다뿐이지 그 분야에서는 단연코 세계 최고예요.
   6) 저희 지역에 많은 혜택이 돌아오면 몰라도 굳이 지역통합을 원하지는 않아요.
   7) 무인 경보 장치가 작동이 됐던들 그렇게 많은 인명 피해는 나지 않았을 거예요.
   8) 사회에 불만을 품었기로서니 자동차에 펑크까지 낼 필요가 있었을까요?

9) 속는 셈치고 한 번 구입해서 사용해 보세요.
10) 한 달 동안 시부모님을 끈질기게 설득한 끝에
다시 직장에 나가게 됐어요.